U0099304

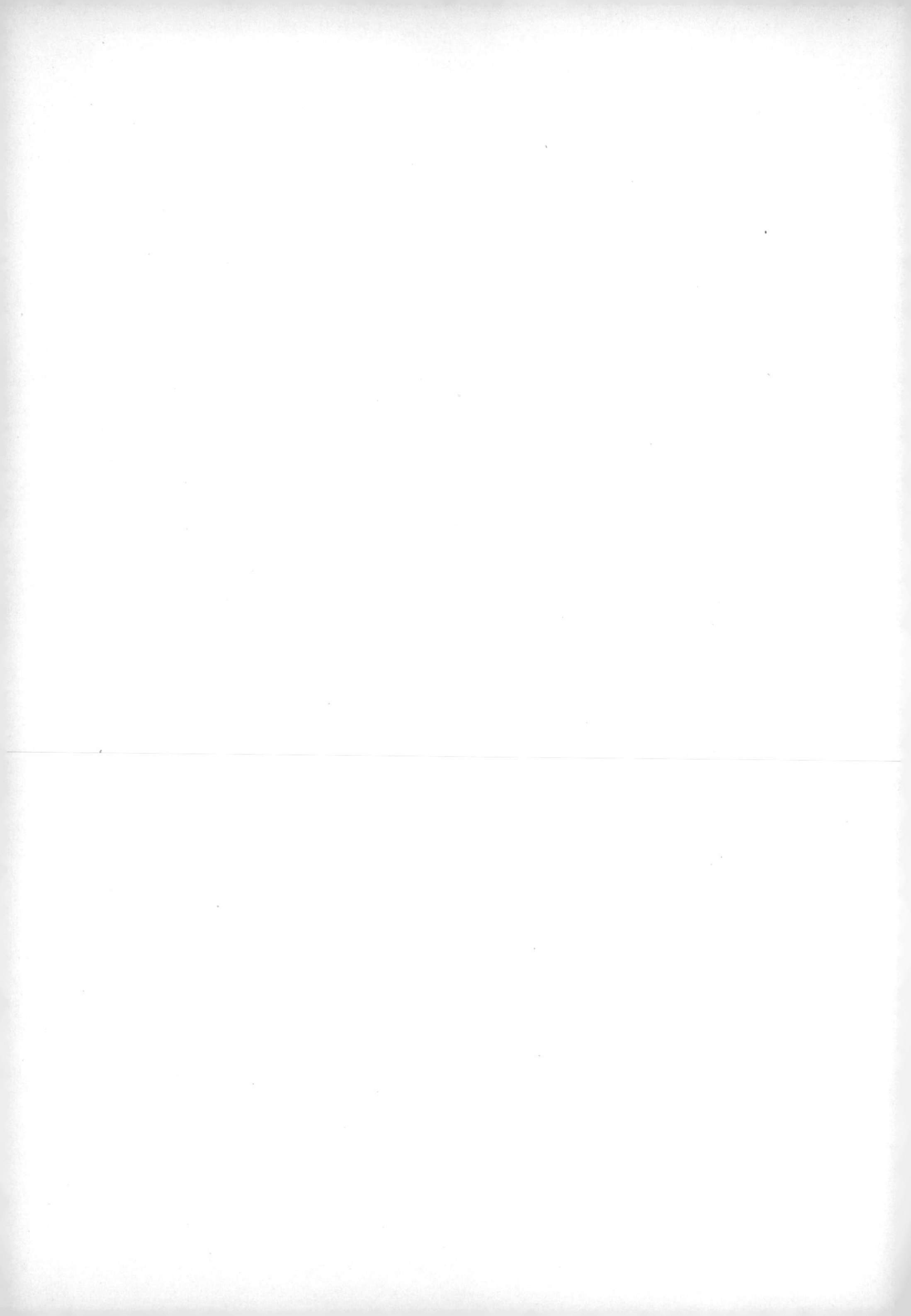

滄海美術
藝術論叢 6
羅青 主編

馬王堆傳奇

侯良◉著

東大圖書公司印行

國家圖書館出版品預行編目資料

馬王堆傳奇／侯良著.--初版.--臺北市，東大發行：三民總經銷，民83
面；　公分.--(滄海美術／藝術論叢)
ISBN 957-19-1714-1 (精裝)
ISBN 957-19-1715-X (平裝)

1.古物志-中國

797　　83010194

網際網路位址 http://www.sanmin.com.tw

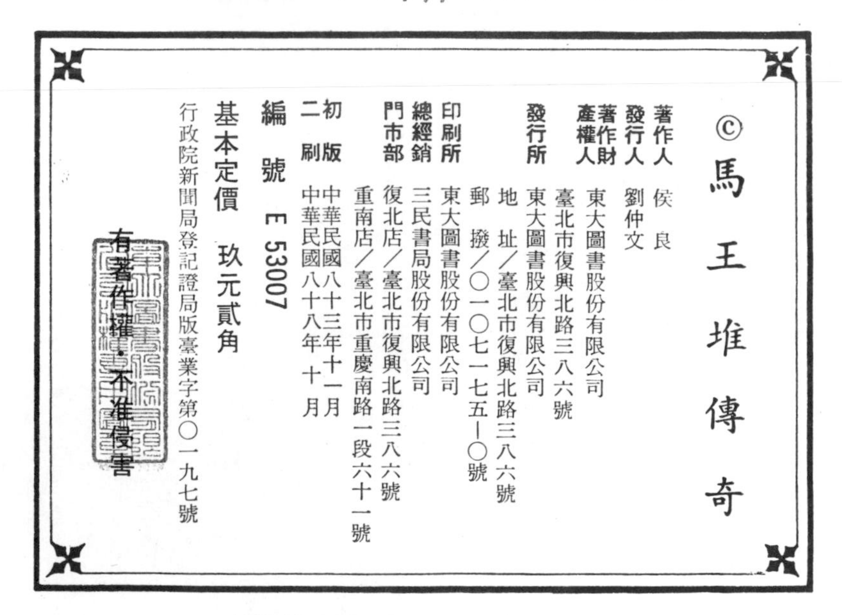
© 馬王堆傳奇

著作人 侯良
發行人 劉仲文
著作財產權人 東大圖書股份有限公司
發行所 東大圖書股份有限公司
地址／臺北市復興北路三八六號
郵撥／〇一〇七一七五──〇號
印刷所 東大圖書股份有限公司
總經銷 三民書局股份有限公司
門市部 復北店／臺北市復興北路三八六號
重南店／臺北市重慶南路一段六十一號
初版 中華民國八十三年十一月
二刷 中華民國八十八年十月
編號 E 53007
基本定價 玖元貳角
行政院新聞局登記證局版臺業字第〇一九七號

ISBN 957-19-1715-X (平裝)

彩圖一　一號墓外槨

彩圖二　黑地彩繪棺

彩圖三　朱地彩繪棺

彩圖四　朱地彩繪棺蓋板

彩圖五　朱地彩繪棺左側面

彩圖六　錦飾內棺

彩圖七　戴冠男俑

彩圖八　歌舞俑

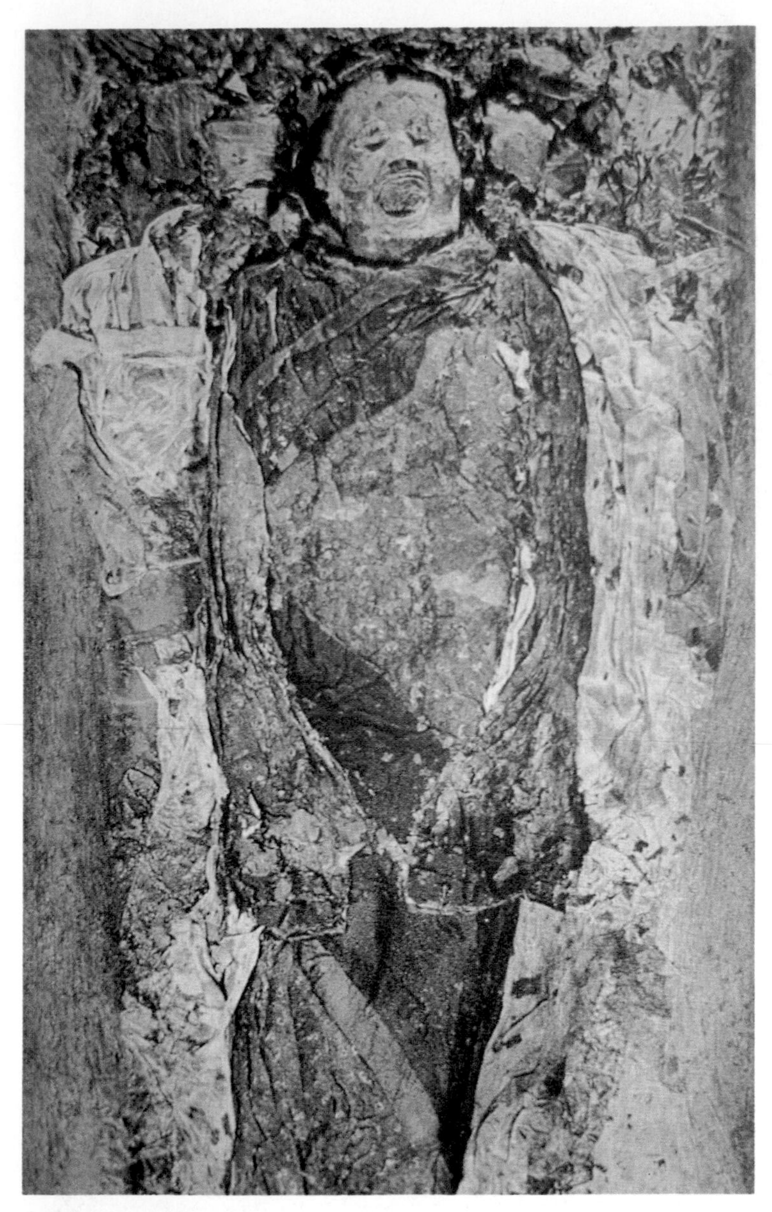

彩圖九　西漢女屍

彩圖一〇　墓主出行（局部）

彩圖一一　巨人（局部）

彩圖一二 車陣（局部）

彩圖一三 划船遊樂圖

彩圖一四　擊鼓（局部）

彩圖一五 喪制圖

彩圖一六　社神圖

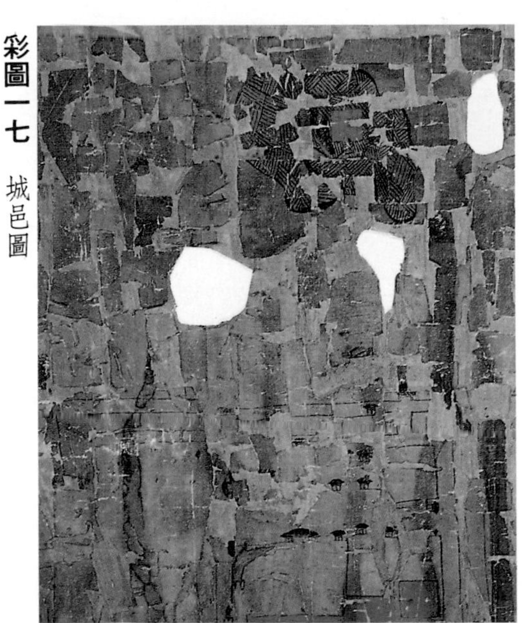

彩圖一七　城邑圖

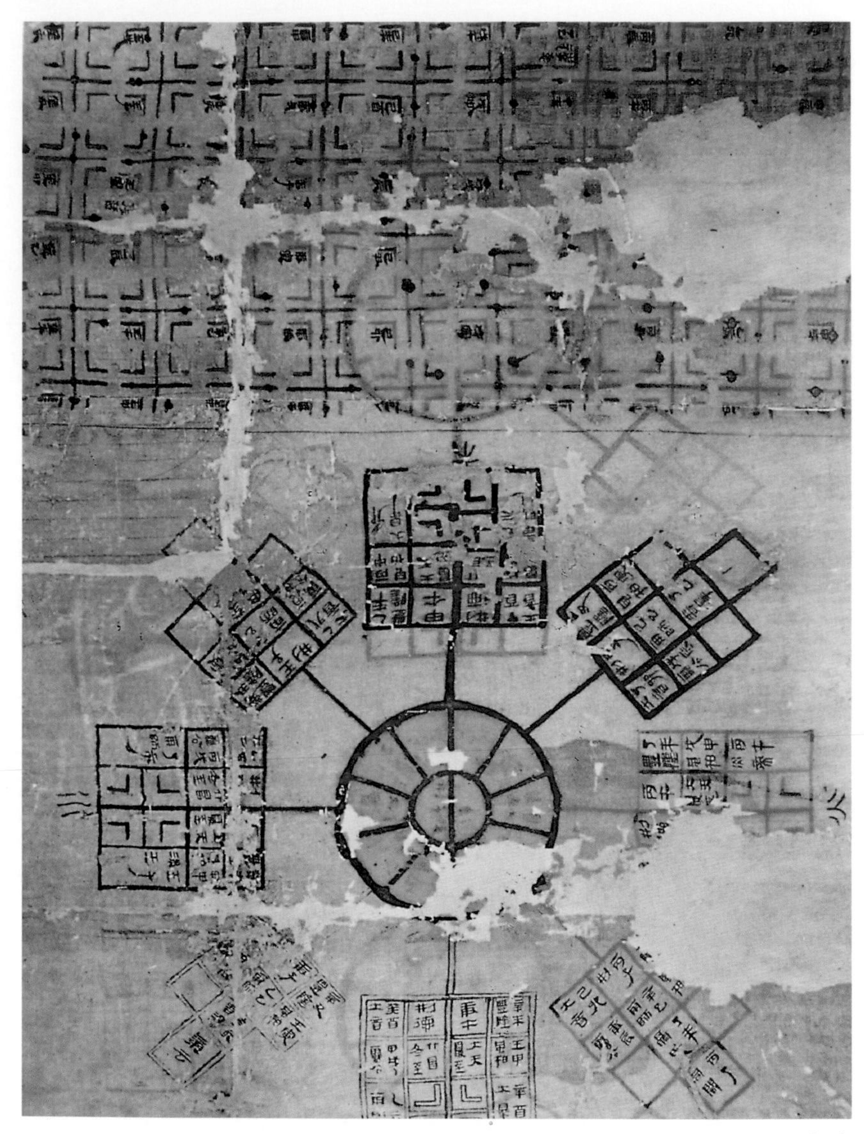

彩圖一八　九宮圖及干支表

彩圖一九

一號墓T形帛畫

彩圖二〇　一號墓T形帛畫局部之一

彩圖二一　一號墓T形帛畫局部之二

彩圖二二　一號墓T形帛畫局部之三

彩圖二三　一號墓T形帛畫局部之四

彩圖二四　一號墓T形帛畫局部之五

彩圖二五　三號墓T形帛畫

彩圖二六　三號墓T形帛畫：天上

彩圖二七　三號墓T形帛畫：祭享

彩圖二八　三號墓T形帛畫：墓主升天

彩圖二九　素紗襌衣（單）

彩圖三〇　茱萸紋繡絹

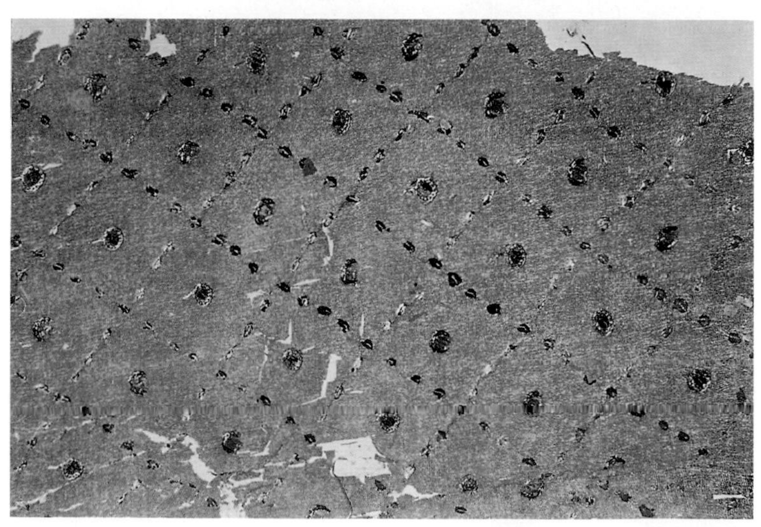

彩圖三一　方棋紋繡絹

彩圖三二　信期繡煙色絹

彩圖三三　長壽繡黃絹

彩圖三四 長壽繡絳紅絹

彩圖三五 信期繡絹夾袱

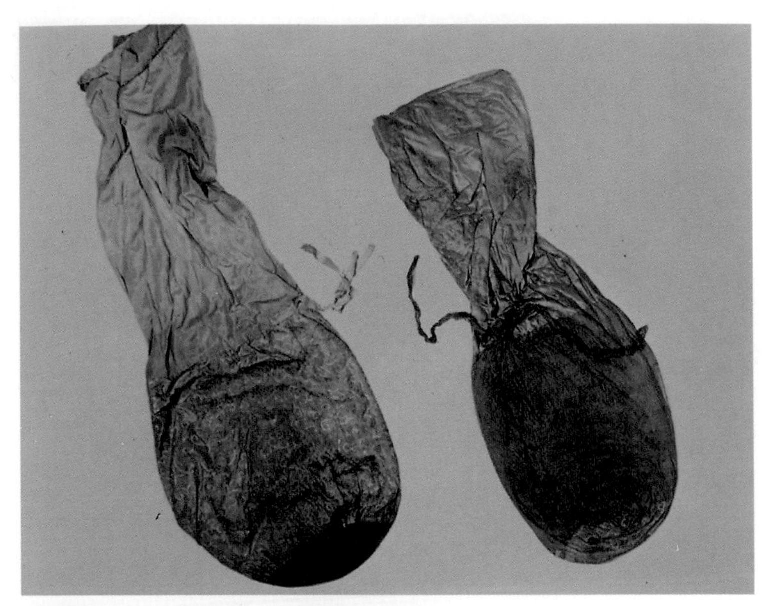

彩圖三六　信期繡綺香囊

彩圖三七　繡枕

彩圖三八　乘雲繡絹枕巾

彩圖三九　朱紅菱紋羅綺

彩圖四〇 乘雲繡黃綺

彩圖四一 絹裙

彩圖四二　信期繡茶黃羅綺綿袍

彩圖四三　朱紅羅綺綿袍

彩圖四四　烏紗帽

彩圖四五　絹手套

彩圖四六 青絲履

彩圖四七 梳妝用具

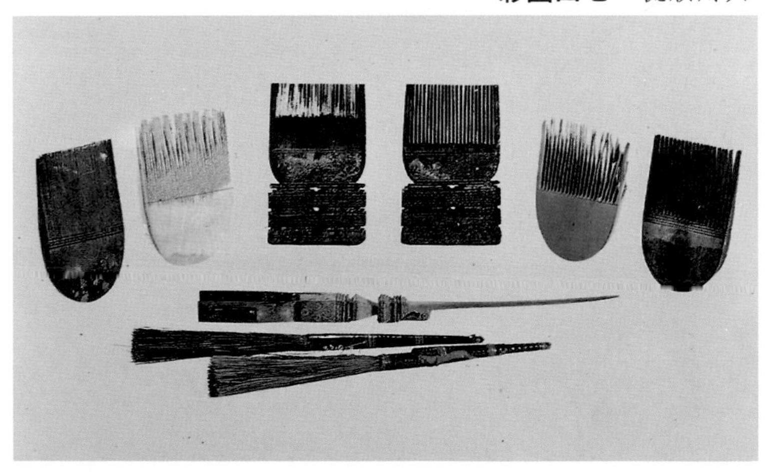

彩圖四八　農產品

彩圖四九　小米餅

彩圖五〇　漆几

彩圖五一　雲紋漆案

彩圖五二　雲紋漆案及杯盤

彩圖五三　雲紋漆匕（上）；浮雕龍紋漆勺（下）

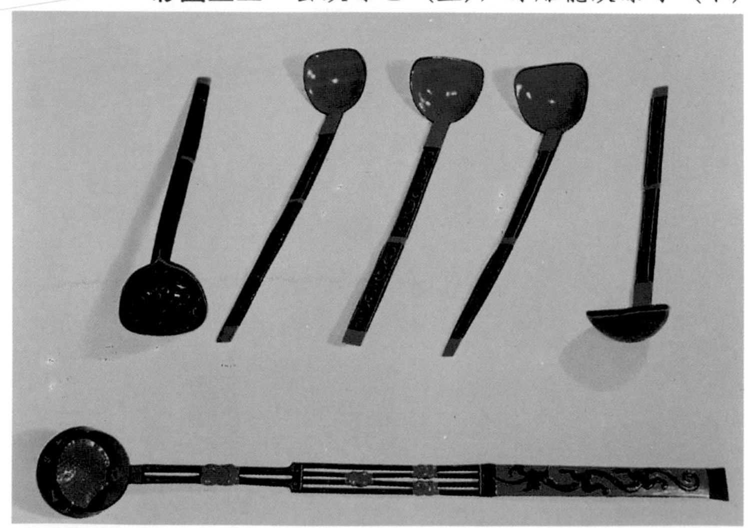

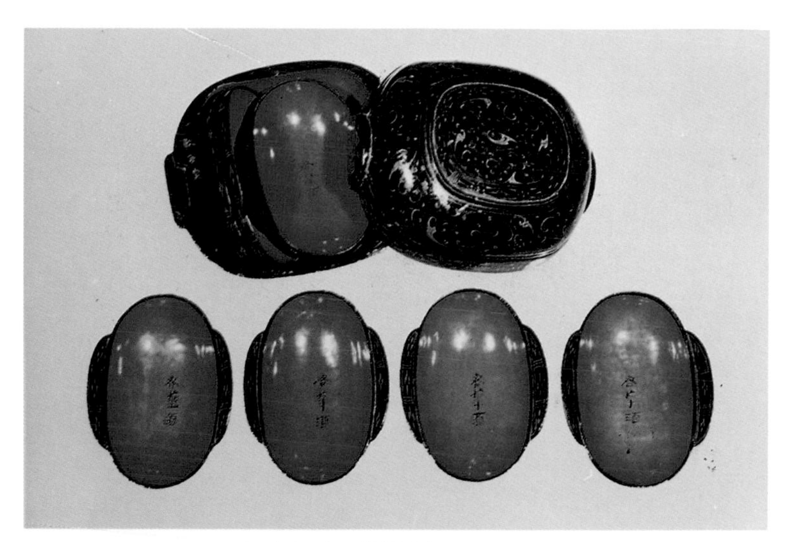

彩圖五四　雲紋漆具杯盒（開啓）

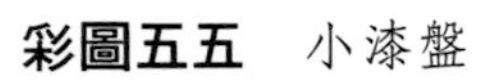

彩圖五五　小漆盤

彩圖五六　粉彩漆圓盒

彩圖五七　雲紋漆盒（開啓）

彩圖五八 彩繪漆箕

彩圖五九 長方形粉彩漆奩

彩圖六〇　雲紋漆鼎

彩圖六一　漆弩

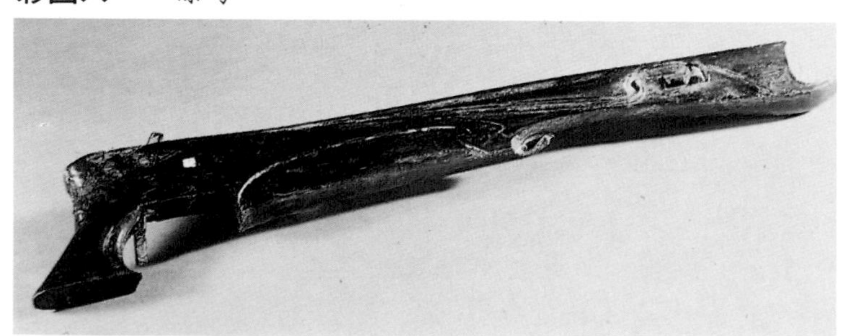

彩圖六二　彩繪陶燻爐

彩圖六三　彩繪陶鐎壺

彩圖六四　彩繪樂俑

彩圖六五　彩繪龍紋屏風

彩圖六六　彩繪兵器架

彩圖六七　彩繪矢箙

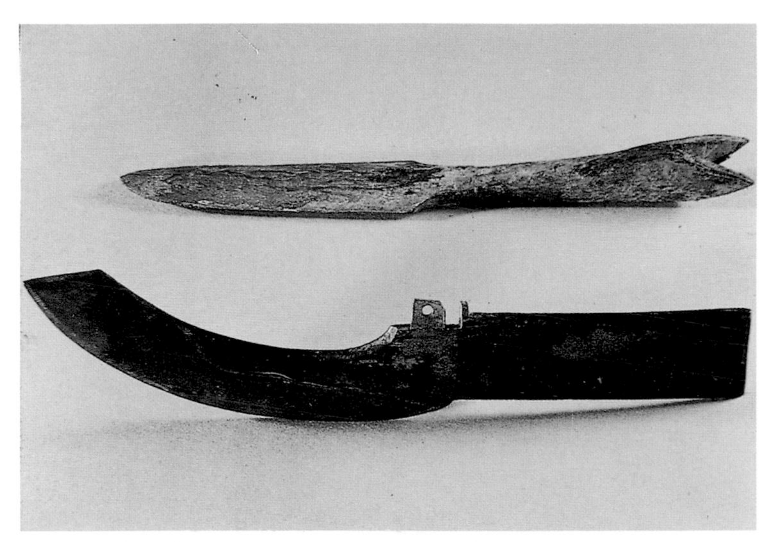

彩圖六八　角質戈矛

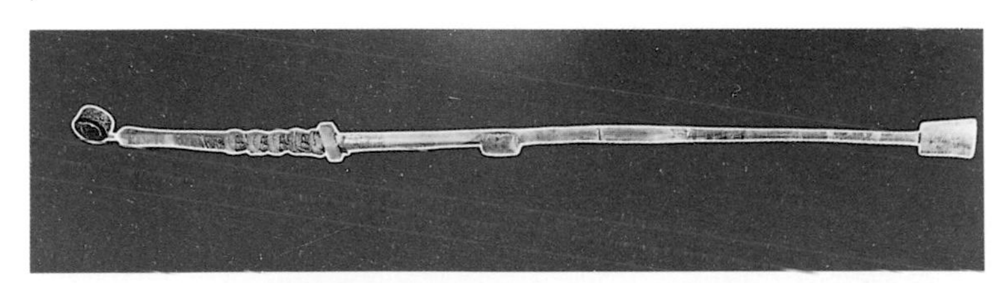

彩圖六九　角質長劍

彩圖七〇　長柄竹扇

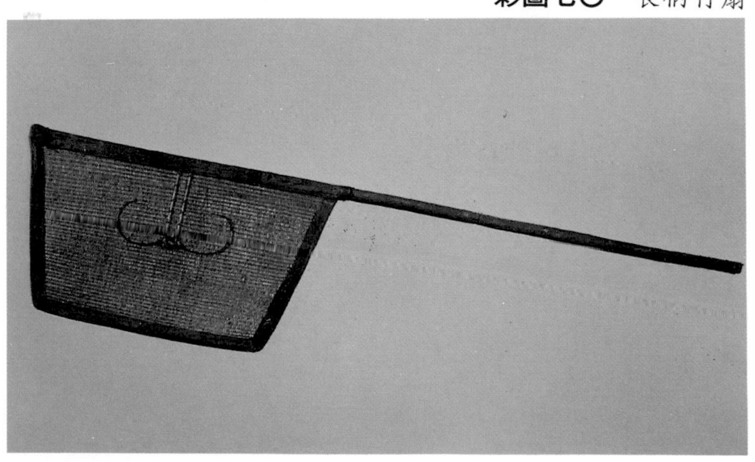

彩圖七一　封泥匣

彩圖七二　帛書《天文氣象雜占》局部之一

彩圖七三　帛書《天文氣象雜占》局部之二

彩圖七四　帛書《天文氣象雜占》局部之三

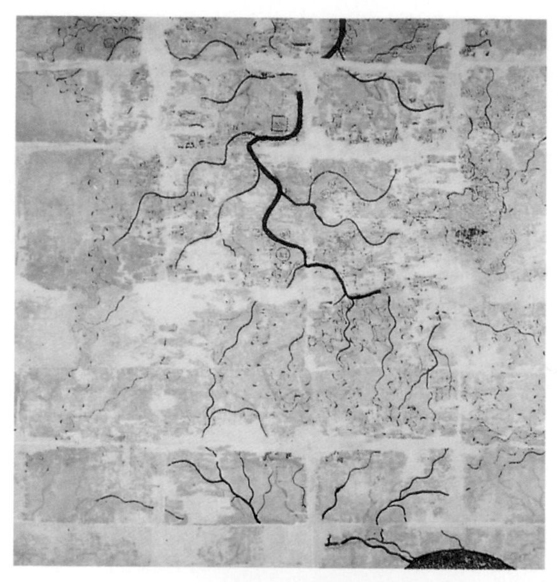

彩圖七五 地形圖

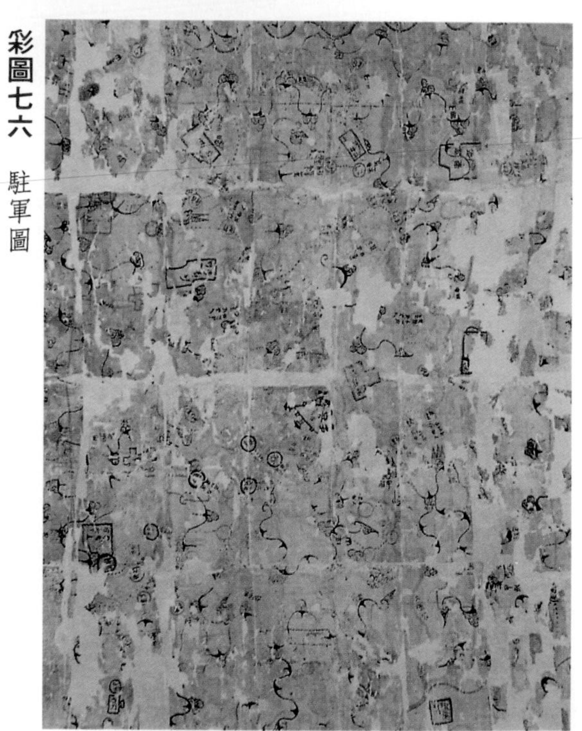

彩圖七六 駐軍圖

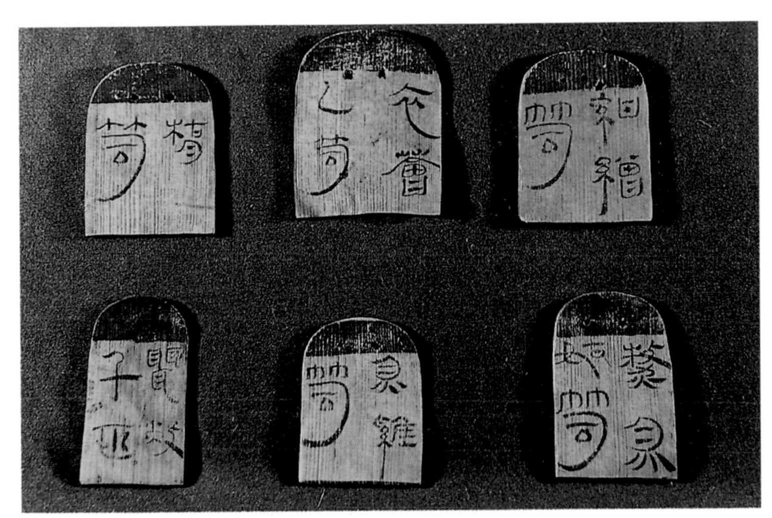

彩圖七七　竹笥上的木牌

彩圖七八　琴

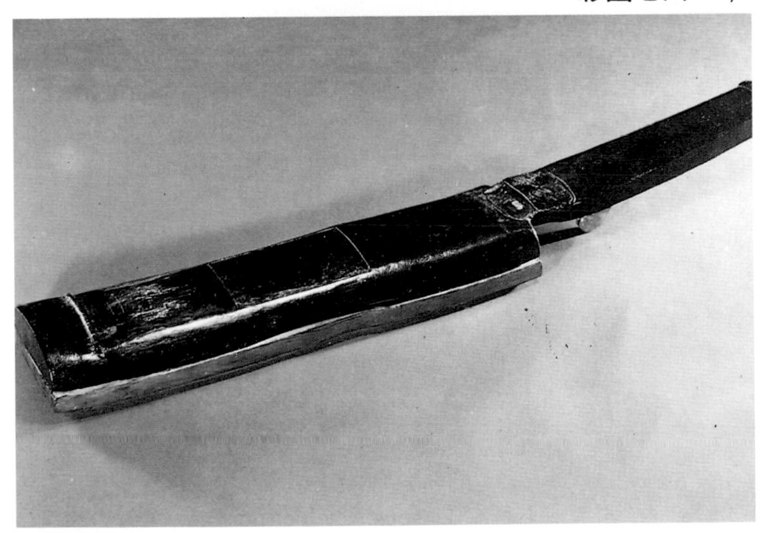

彩圖七九 瑟

彩圖八〇 竽

彩圖八一 博具

彩圖八二 博具

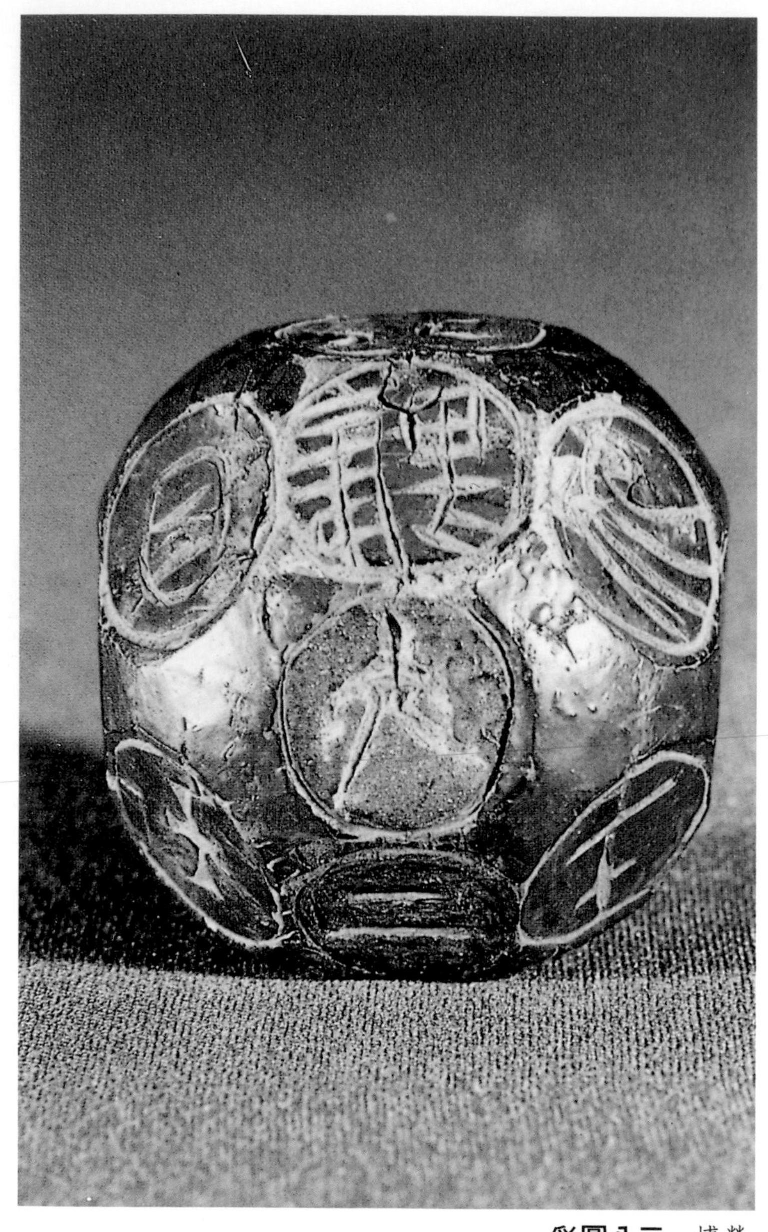

彩圖八三 博煢

「滄海美術／藝術論叢」緣起

民國八十年初，承三民書局暨東大圖書公司董事長劉振強先生的美意，邀我主編美術叢書，幾經商議，定名爲「滄海美術」，取「藝術無涯，滄海一粟」之意。叢書編輯之初，方向以藝術史論著爲主，重點放在十八、十九、二十世紀。數年下來，發現叢書編輯之主觀願望還要與客觀環境相互配合。在十八開大部頭藝術史叢書邀稿不易的情況下，另外決定出版二十五開「滄海美術／藝術論叢」。

藝術論叢以結集單篇論文成書爲主，由作者將性質相近的藝術文章、隨筆分卷分篇、編輯規劃，以單行本問世。內容則彈性放寬到電影、音樂、建築、雕刻、揷圖、設計……等文學以外的各類著作，爲讀者提供更寬廣的服務。讀者如能將「藝術論叢」與「藝術史」及「藝術特輯」相互對照參看，當有匯通啓發之樂。

主編序——馬王堆的保姆

三年前我應邀至湖北沙市開會，初識侯良先生。會後，應他之請至長沙湖南省博物館參觀，才認識到他動人的口才、淵博的學問、親切的性格、辦事的能力都是一流的。尤其是對馬王堆文物的瞭解、研究及宣傳，那更是親若母子，成了他一生最重要的事業。

從第一個騎車到發掘現場著手辨認、發掘等工作開始至今，侯良先生參與馬王堆考古的工作已有二十多年。從劃訂現場、著手挖掘、保存文物、展覽設備、出版文獻……等等複雜艱鉅的工作，他大多參與，可謂無役不與，把整個考古的事業與他的生命融爲一體，發出動人的光芒。

我在湖南省博物館參觀時，有幸聆聽他的導覽，不消一分鐘，便被他生動的解說吸引住了。老實說，我對馬王堆的文物並不陌生，聽過、看過的解說也不少，可以說本身就是半個這方面的專家。然站在侯良先生面前聽他說馬王堆，居然目瞪口呆，爲之神往，這眞是前所未有的奇事。

事後，我仔細回想，發現侯良之所以能打動人心，是因爲二十多年來，他已經與馬王堆以及其中的人物軑侯夫人融爲一體了。聽他訴說文物的發掘、文物的內容、人物的悲歡，都像在訴說他的親人一般。或者更確切的說，有如母親訴說自己的兒女一樣。這是一般只知展現知識的藝術史家所無法做到的。

返臺後，我收到侯良寫來的小書《神奇的馬王堆漢墓》（一九九〇，廣州中山大學出版），細讀之下，發現他的文筆與口才一樣好，敍事清楚，轉折流暢，讀其文如面對其人，於是便有了邀稿的念頭。邀稿的信一去，馬上就有了回音，侯良先生爽快的答應了，並提議把他新寫的文章與舊文重編，更完整的介紹馬王堆。經過兩年多的信件來往，稿件圖片的商量，終於根據《神》書改寫增補成現在的樣子。侯良同時還寄來，該書的英譯稿子，希望在中文本出版後，再出英文本。

書稿排印期間，我數度出國，先是獲得美國博爾布來德國際交換教授獎，赴美講學半年；後又獲牛津大學之邀在英國畫展講學，致使全書的出版拖延了一陣子，直到今年方才大功告成。在此我要特別鄭重向讀者推薦侯良先生的這本奇書，書中娓娓道來的是所有考古報告、學術論文中所無法提供的，那就是一個花費半生心血照顧保護研究這些文物的老保姆的心聲，充滿了關愛，風趣又動人。

自　序

文物是人類歷史物質文明和精神文明的遺存。我國文物能反映中華民族各個歷史發展階段的社會制度、社會生產、社會生活的眞實面目。因此具有很高的歷史價值、藝術價值和科學價值。這是因爲文物有補史、正史的作用，它可證實文獻之記載，校正文獻之謬誤，補充文獻之缺佚。對史前社會，文物則是研究恢復其社會面貌的實物史料；文物還有借鑒作用，因爲文物是我國優秀文化遺產的重要組成部分，繼承和發揚中國優秀文化遺產，發展新的科學技術和文化藝術，需要不斷地從文物中汲取取之不竭的養料；再則文物也是進行愛國主義教育、科普教育的形象化的生動教材。因此它是中華民族歷史發展的無可替代的實物見證，所以具有團結全國各族人民和海外炎黃子孫的偉大凝聚力。

著名作家和學者沈從文先生於一九八〇年冬在美國聖·若望大學作學術報告時說：「每個人都知道中國有《二十五史》，就沒有人注意現在從地下發掘的東西，比十部《二十五史》還要多，那些有興趣研究中國文化史、藝術史和工藝史的海外朋友，都值得回來看看。」

於距今二十二年之前，在湖南省的長沙市發掘了馬王堆一、二、三號漢墓，它出土了一具保存完好的女屍，另外還有大量絲織品、漆木器、農畜產品、中草藥、兵器、樂器，尤其可貴的是還出土了大量竹木簡牘和寫在絲帛上的古籍文獻，因此它引起了全世界的矚目，成爲了中國考古史上的重大考古發現之一。我們不妨仍用一位權威人士的評價來作印證。中國社會科學院歷史研究所所長、著名史學家李學勤先生說：「重大的考古發現應當對人們認識古代歷史文化起重要影響，改變大家心目中一個時代、一種文化以至一個民族的歷史面貌。只有這樣才稱得起是必須載入考古史冊的重大發現。」又說：「馬王堆漢墓的發掘，確實使我們對漢初的歷史文化觀感一新。稱之爲一項重大發現，無疑是名副其實的。」

我正是基於上述認識，才著力來編寫本書的。

古代歷史文物距今久遠，要去認識、閱讀它，對一般人來說必有一定困難，因此，我將本書按發掘、服飾、飲食、起居、文化、醫藥、喪葬、墓主、結尾等九個篇目加以敍述。並對三千多件出土珍貴文物多學科研究成果，力求旁徵博引地加以通俗地詳述，以使本書作到科學性、知識性與趣味性相結合，便以適應各個文化層次的炎黃子孫去閱讀、去賞識，以期能使大家進一步去認識、繼承、發揚我偉大中華民族悠久的歷史和燦爛輝煌的文化傳統，並以此爲基礎再去共同創造我們充滿光明的未來。

侯良

一九九四年九月

馬王堆傳奇

目　錄

貳　服飾篇

參　飲食篇

肆　起居篇

伍　文化篇

陸　醫藥篇

柒　喪葬篇

捌　墓主篇

玖　結尾篇

彩圖圖次

壹　發掘篇

印紋硬陶罐

1.馬王堆與馬鞍堆

長沙馬王堆漢墓，已經家喻戶曉，婦孺皆知。可是這座漢墓是怎麼發現的，又是如何發掘的，至今知其詳情者並不多，因此不妨舊事重提。

一九五一年冬，中國科學院考古研究所副所長夏鼐率領考古人員來長沙進行考古發掘，同時協助湖南省文物管理委員會在長沙附近進行文物調查，在長沙東郊發現了東西相聯的兩個大土冢。當時夏先生認爲是漢墓群。一九六一年湖南省政府把它定爲省級文物保護單位，並豎立了文物保護標誌。

設置在馬王堆漢墓旁的機關，一九四九年後已幾經變遷，由省委黨校、團校變爲馬王堆幹部療養院。一九六六年療養院解散，省軍區某醫院進駐此地。

一九七〇年，林彪發起了「戰備」高潮，這個醫院即選定院內的兩個大土堆進行地下施工，他們打算在這裡建造地下病房，兩個巷道口，一個開在一號漢墓❶的東側，一個開在東西兩墓的結合部。當墓東側巷道掘進數米後，發生了嚴重塌方，施工無法進行。於是有人找來鐵棍四處探測，在探測中地下突然冒出氣體，人們以爲下面是空洞，就舀水往裡灌，強大的氣壓竟然把水噴出。有人提出用火試點一下，結果冒出了藍色火苗，「地下一定有寶貝！」他們立即向上級機關報告，可是誰都說不清這個問題，電話輾轉了三天才到達湖南省博物館，當時作爲該館負責人的我，當即約館裡的另一位同事騎車奔向馬王堆，路上我們估計可能是馬王堆漢墓遭到了破壞。我們到達現場一看，果如所料。當我們進入一號漢墓的巷道時，還看到有許多人在墓上點火抽煙呢。這類墓，在長沙地區被稱爲「火坑墓」，一九四九年前曾發現過七、八個，它們都有一個共同的特點：凡是有氣體，文物就保存完好。於是我到病房借來了氧氣袋，準備收集氣體，可是經過三天攪動後氣壓已十分微弱，收集未能成功，想不到這竟成爲後來馬王堆漢墓科研工作中的一大缺環，因爲那具著名的古屍和許多保存完好的文物都和這種神秘氣體有關。

馬王堆一號漢墓經國務院圖博口（「文化大革命」中的臨時機構）批准後，由省革委會撥款進行發掘。但經費不足，無力修建工棚，因此，我們不得不租借附近的民房住宿。在此，我竟獲得一個意外發現。原先我們考古工作者曾對馬王堆這個名稱產生過懷疑。五代時，馬殷割據湖南自稱楚王。有人曾認爲此處爲楚王馬殷的墓，故稱「馬王堆」。但五代與漢代相距甚遠，而此處墓葬已被確認爲漢墓，稱爲「馬王堆」，於理不通。到這裡後，我們發現居民的門牌上都寫着「馬鞍堆」，才知道了此地的眞正名稱。從遠處觀望，此地兩個偌大的土堆，確似一個大馬鞍。後來的發掘證明它是西漢初年長沙國丞相利蒼家族的墓，更證明把此處稱爲「馬王堆」是一個錯誤，但是今天「馬王堆」已聞名全球，要正名又談何容易！

---

❶墓葬是以考古發掘的順序編號，此處指後來發掘時之編號。

2. 情節離奇的傳說

馬王堆一號漢墓的發掘開始於一九七二年一月十四日，因爲地面上的封土堆高達四米，所以開頭使用了推土機。俟墓口露出後，才用人工發掘。這個墓口可眞大，南北長達十九點五米，東西寬十七點八米，墓口下有高寬約一米的四層臺階，每層都夯打得光滑平整，看起來很像山區農民修建的梯田，每層臺階向下逐漸收縮，墓坑如一個口大底小的斗。

當我們挖到東側第二層臺階的中部時，發現了一個圓形的洞穴，其大小很像現在的電線杆柱洞，約有兩米深。洞壁堅硬，頗似紅色的火燒土，這是怎麼回事呢？有人查閱了宋代的《太平寰宇記》，見上面記載：「在長沙縣東側十里，有西漢長沙王（劉發）埋葬其母程、唐兩姬的『雙女塚』，墳高七丈。」❶因此，我們懷疑是「雙女塚」。清代的《湖南通志》上也說：「二姬墓在（長沙）縣東。」❷並引述了史書上的一段故事，大意是說漢景帝有個程姬，美甚。某夜，景帝召其入宮，程姬因身體不適，遂令侍女唐兒入侍，帝因醉不辨眞僞，幸之。後來唐兒懷孕生子，取名爲發，自己也受封爲唐姬。劉發長大後被封爲長沙王。傳說程、唐二姬死後俱葬在長沙東郊。又說劉發思母心切，可能在墳上豎杆，以便在城內定王臺上遙望寄哀。當時我們想借古人之詞來解釋這個小洞。不料我們的這一猜想竟輾轉流傳，形成幾個情節離奇的故事。

一九七三年，我在上海籌措馬王堆漢墓陳列館的建築材料，聽說有人在街頭講述馬王堆女屍的故事，大意是說她原來是漢宮中一位能歌善舞的宮女，被皇帝看中，選爲妃子。生了兒子後，遭到皇后嫉妒，面臨被害的危險。後在老太監的協助下逃出宮廷，嫁給一個賣豆腐的老頭，等到兒子登上皇位後，又與之重逢云云。

一九七五年，有人又以「郭沫若答日本記者問」爲題，編印成與上述內容相似的故事。因爲借用了著名考古學家郭沫若的大名，所以一時風靡全國。這時我因事赴杭州，浙江省博物館長說，杭州家家戶戶都在談論〈郭沫若答日本記者問〉❸，建議我講一次有關馬王堆漢墓發掘的情況，以闢謠言。我們原定只給文博工作人員講，我步入會場後，卻發現樓上樓下有千餘人。原來，消息傳出後，浙江大學、浙江日報社等都紛紛要求參加，所以多了不少人。我在會上除介紹馬王堆一號漢墓的發掘研究情況外，還答覆了不少聽衆的當場提問。另外，有些人還根據傳說故事寫成小說，拍了電視片，或寫成名爲《彩娥恨》的劇本，在舞臺演出。

關於馬王堆古屍的傳說，其影響之大，由此可見一斑。

---

❶《太平寰宇記》卷一一四〈長沙縣〉記載長沙縣側十里有西漢長沙王（劉發）埋葬其母程、唐二姬之「雙女塚」。

❷《湖南通志》卷三六引《一統志》載「二姬墓在（長沙）縣東」，並引用史書上一段故事，說明程、唐二姬的來歷。

❸〈郭沫若答日本記者問〉是社會上流傳的傳單名稱，未見正式刊載，內容係以訛傳訛，毫無事實根據。

3.「彩娥」故事風靡全國

故事的內容是：馬王堆漢墓出土古屍解剖後不久，日本來了一個記者採訪團，他們向王教授提出了三個問題：

一、作爲七百戶侯爵之妻，怎能享受僅次於皇太后的豐厚葬禮？

二、爲何貴夫人右小臂有陳舊性骨折？

三、當時貴國沒有甜瓜，爲何死者肚裡有甜瓜子？

王教授感到爲難，說這幾個問題我尚未考證，還是請郭沫若院長回答你們吧，不過郭院長近幾天很忙，要過幾天才能答覆諸位。

王教授把此事向郭沫若作了匯報，郭沫若說：「我於一九三八年抗戰時在長沙和周總理等救過災民，曾聽一個中年人在街上講過馬王堆的故事，不知此人還在否？我們不妨去私訪一番。」第二天，倆人悄悄來到長沙，在古城的小巷深處，城郊民房裡私訪，終於找到了那個人。此人已年近八旬，思路淸晰，耳聰目明，談起馬王堆之事，便說：我是墓主的後裔，姓王，先輩留下了這段故事傳家，我未敢相忘。於是便滔滔不絕地講起了關於墓主人身世的故事。

郭沫若和王教授回到北京後，便接受這批日本記者的採訪。記者們又搬出那三個問題，想難倒中國的最大考古權威。

沒想到郭院長摸了一下助聽器，微微一笑說：「尊敬的先生們，我講一個故事，解答你們的三個問題。」他很文雅地抿了一口茶，便娓娓地道開了。

「故事發生在我國西漢初年，漢文帝在位，其時，天下太平，百姓安居樂業。只是漢文帝爲一件事苦惱，原來，他雖有三宮六院，卻沒有一個人給他添個『龍子』。當時，後宮有一名叫彩娥的宮女，生得唇紅齒白，膚如凝脂，身材適中，不高不矮。總之，她能使嫦娥害羞，王母生嫉。且能歌善舞，又會琴棋書畫。一日，文帝在宮中擺筵，令樂伎表演歌舞助興，但彩娥一出，滿庭生輝，群臣一看，頓如痴呆，而文帝看著彩娥，尤入醉鄉……。當夜，文帝便命此宮女留宿了。

次日晨，百官齊集待漏院，朝見時辰已到，但不見宣詔，正在疑惑之際，內侍突然宣喝，衆官來到丹墀前，只見漢文帝紅光滿面，神采奕奕，安然地坐在龍榻上。

你說漢文帝爲何誤朝，原來文帝一夜歡幸，忘卻一切。但見彩娥跪駕，先謝皇帝寵幸之恩，然後告訴文帝，不應盡爲床笫之歡，還應以天下爲重，文帝聽後，已認識到她非一般粉黛所比，次晨，文帝懶以早朝，並說願意和彩娥找一個青山綠水的地方，去過山野村民的生活，彩娥聽之大驚，忙跪奏曰：『你爲一女子而失天下，豈不被世人恥笑，別人還會說我妖迷惑主，這樣妾也成了天下之大罪人。』

文帝聽之，立即起床，漱洗完畢，喝完人參燕窩湯，即準備赴朝，此時對彩娥說：『朕要封你爲貴妃，你也要爲朕出力。』彩娥伏地謝恩曰：『小女子出身卑微，實在有負陛下隆恩，我的名份事小，但祈求上蒼保佑陛下，繼祖宗之德，建

萬世之功，使政通人和，澤被蒼生。』皇帝大喜說：『你眞是一賢淑女子也。』

之後，兩人往來甚密，某晚，皇帝發現彩娥面布愁容，追問原委，彩娥說明已身懷有孕，但怕皇后得知，賜以死罪。文帝說：『不要緊，我自有辦法。』然後挽手入寢。三天之後，文帝差人送來一個畫有龍紋圖案的布包，彩娥叩首接禮。

此事被皇后得知，怒火中燒，遂召集黨羽商討對策，一個白髮大臣說：『皇帝求子心切，千萬不能造次，否則會引火燒身的。』皇后聽之，感到失望，遂抱頭痛哭。一個尖嘴猴腮的大臣立即講：『娘娘勿急，我們不妨來一個移花接木。』然後和皇后耳語一番，皇后聽之大喜。

時隔不久，宮中傳出娘娘『懷孕』，文帝欣喜不已。

某日，皇后率領衆嬪妃來看望彩娥，皇后說：『你懷了陛下的親骨肉，那我們就是姊妹了。』彩娥聽之如釋重負並感恩不盡。

皇后命人安排彩娥住在御花園附近，衣食優厚，關懷備至。

皇后將文帝與彩娥之事密報皇太后，皇太后認爲有違祖規，賜三尺白綾要彩娥自縊，皇后壓下旨意，伺機行動，並給太監授意，注意彩娥的分娩，如生女即投入枯井，如生男即好生伺候。不久，彩娥生一男孩，皇后大喜，滿月這一天，皇后說要抱孩子去見皇太后，以便求得赦免，彩娥深信不疑，誰知有去無回。

當晚一帶刀太監前來敲門，彩娥看到嚇了個半死，不料太監小聲說：『皇后懷孕是假，奪子是眞，我奉命前來殺你，不過我不幹昧良心的事，你還是快逃爲好。』言畢，即將彩娥帶至胭脂河邊，並叮囑說：『你兒已由聖上命名劉啓並立爲太子，你可千萬要等到太子登基之日。』

太監將彩娥安頓在木盆中，她懷着滿腹悲憤順水而去，漂至拐彎處，她發現牆邊有一木梯，即沿梯而上，城垛上拴有一繩，即順繩而下，不料墜地時使右臂骨折，一時痛疼即暈死過去。

話說一個賣豆腐的叫王二喜，挑着擔子在朦朧的晨光中向城內走來，猛不防絆了一跤，把豆腐撒了一地，定睛一看，原來是一女子横臥路中，他伸手一摸還有呼吸，救人要緊，他背起這女子即匆匆回家。

二喜給這女子餵了一點熱豆漿，彩娥甦醒過來見到身邊立一男子，想必是救命恩人，她哭訴著說：『你不應救我，我活着不如死了好。』二喜說：『大姐一定要想開些，我的家境窮，可我一邊賣豆腐，一邊講笑話，高興了還要喝上二兩白酒，天不怕地不管，比皇帝老子還痛快呢！』

彩娥聽了覺得有理，她給二喜說，我二十一歲，在大戶人家當丫頭，因不堪虐待而出逃，想不到又摔傷了。二喜信以爲眞，說等傷勢好了再送她回家。

彩娥康復後，幫二喜縫縫補補，推磨打柴，成了一個天生的好幫手，從此兩人已無法分離。

轉眼間十八年過去，某日二喜從城內回來說：『皇上晏駕，新皇帝登基叫劉啓。』彩娥聽後，神采煥發，說要和二喜對酌幾杯，表示慶賀。彩娥見二喜有些疑惑不解，即說：『你可知道，這劉啓是我的親生子。』說畢拿出文帝給她的御書，上寫：『彩娥之子，寡人眞骨脈也。』二喜聽後，簡直驚呆了。

某日早朝過後，太監領一老者上殿，他說：『我要見新皇

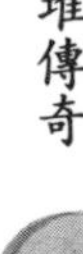

上劉啓。』劉啓見來人直呼其名，意欲不見，一老臣說：『此中必有原由，以見者爲好。』老者一面呈上御書，一面述說原委，因爲是突如其來的事，劉啓有些發呆了，王二喜又說，你右臂上有一個黑痣，這也是你母親講的，此時劉啓即信以爲眞。

當晚，皇帝微服出宮，由小太監領路找到王家，母子分離十八載，一旦相見，抱頭痛哭。

劉啓欲廢去皇太后封號爲其母復位，彩娥說：『我出身卑微，不必復位，這樣太后近臣也會相安無事，對你的朝政有好處，我的願望是，生前能來看我，死後祭掃墳塋就足夠了。』

因皇帝常來造訪，鄰人議論紛紛，爲保密起見，彩娥要求遷回湖南老家居住，景帝應允，封其繼父爲七百戶侯，賞賜金銀珠寶，派人護送到長沙落戶。

景帝孝心甚篤，常將貢品送與其母，其中包括外國使節送來的甜瓜。

彩娥吃甜瓜不久，即因心臟病逝世，景帝爲其母採用了最好的防腐措施，並舉行了隆重的葬禮。」

最後，郭沫若以「諸位滿意我的回答嗎?」結束了此次採訪。

無名氏所杜撰的這個故事，講來頗爲動聽，因此曾一度風靡全國，迷惑了千百萬人。

4.艱辛而複雜的發掘

我們發掘馬王堆一號漢墓的時候，正值「文化大革命」時期，當時湖南省博物館的大部分工作人員都下放到農村去了，館內僅剩下四十二人，除去老弱勤雜人員外，平均每天只有三十人去參加發掘工作。當時公共汽車不順路，其他交通工具也不多，所以大部分人只好自帶工具早去晚歸，來回要走十多公里的路。

湖南氣候的最大特點是「春無三日晴，夏無三日雨」。當時正值春季，連日細雨綿綿，大家經常身穿濕衣服，又到處沾滿黃泥巴。因爲路程遠，所以每天中午館內工作人員都把飯菜送到工地，晴天大家就地野餐，雨天則蹲在醫院的屋簷下進食。這一段生活，是相當艱苦的，但是最困難的還是後來的發掘工作。開頭墓口大，出土方便，進度也比較快；逐步挖深以後，土出不來，進度越深，困難愈大。

俗話說：「不入虎穴，焉得虎子。」田野考古是一項細致的科學工作，它帶有很大的手工性質。對一個考古工作者來說，艱苦勞動是不在話下的，令我們憂慮的是，在發掘一號墓時，發現了三個盜洞。據經驗豐富的老發掘技工考證，其中兩個從特徵來看是近代盜洞，因爲它是方形的。在其中的

一個盜洞中我們發現了一隻膠鞋底，經商業部門鑑定，是一九四八年左右上海的產品。可見偷盜的時代甚近。這兩個方形盜洞是直的，只有幾米深便消失了。

在精神上給我們威脅最大的是另外一個大而圓的盜洞。它從東北角伸入，斜行向南，到墓坑的東南角後，急轉直下，總長度竟然達到十七米之多。它像一個張開的老虎口，我們一看到它，心裡就忐忑不安。因爲如此艱苦地勞動，到頭來如果挖出的是一個已經被盜空的墓，那該多麼使人失望。一個老技工說：「盜洞往往古圓近方，這個洞很可能是元代以前的。」令我們慶幸的是，在接近棺木處，盜洞突然消失了，大家頓時如釋重負，如果不是工作忙，眞想買一掛鞭炮慶祝一番呢！盜洞深入到此處爲什麼中斷了？很可能這個盜墓者以爲碰上了「疑冢」（假墓），所以半途而廢。這眞是不幸中之大幸！

後來雨季來臨，我們站在墓坑內向上看，四周土牆筆立，令人生畏，有人開玩笑說：「弄不好，我們都會殉葬。」這也正是我所擔憂的問題。爲了加快工作進度，我們去向學校求援。給予我們熱情支持的有長沙市十餘所中學、中專和大專院校，他們先後派出了千餘人參加發掘。發掘工地上每天的工作者保持在百餘人左右。我們在四個墓角把學生按兩人一對排成四條人工傳遞帶，場面相當壯觀，可惜未能用電影記錄下來，因此當「考古新發現」的影片於一九七三年在香港放映時，雖極爲轟動，但有不少人說：「遺憾的是看不到發掘過程。」

那時陰雨綿綿，多數學生沒有雨具，一個個被淋得像落湯雞一般，而黃泥沾在竹筐上，越積越多，倒不掉，打不脫，大家只好用手去摳，常常被竹簽刺得鮮血直流。此情此景，我雖隔多年而不忘，以後每當我再次站在那巨大的墓坑上回憶往事時，內心總是激動不已。

經過六十天的連續奮戰，我們挖出了約六千立方米的泥土，其艱辛程度非筆墨所能形容。當時我看著四周堆集如山的泥土，心想兩千多年前的勞動人民用簡陋的生產工具築成這麼巨大的墓坑，其工程之艱鉅是不言而喻的。

數年前，著名的考古學教授劉敦愿先生來參觀馬王堆漢墓的發掘現場，聽了我的介紹後說：「這樣一次重大的發現，想不到發掘條件如此之差，經過又如此之艱難，這在我國田野發掘史上是少見的，應該寫成文字載入史冊。」

5.周恩來先生的批示

馬王堆一號漢墓的槨室巨大，十分沉重，僅外槨一塊側板就有一點五噸重。因爲四周泥土堆積如山，吊車上不去，所以要把它們從二十米深的墓坑中吊上來極爲困難。幸而長沙汽車電器廠應邀派來了數十名吊裝工人，大家用手工和半機械化的方式，花費了幾天功夫才把重達數十噸的棺槨全部吊上來，此墓爲兩槨四棺，最裡一層棺用漆粘合，十分牢固。開這層棺蓋，使幾位考古專家絞盡腦汁，整整用了一天時間。內棺運到省博物館時，天色已晚，有不少領導人聽說挖出了「寶貝」，都想先睹爲快，一下來了很多人，大家擠在陳列館內想看看熱鬧，忙壞了中國科學院考古研究所的王㐨、白榮金兩位考古專家。他們打開棺蓋，看到一堆從未見過的鮮艷絲綢，喜得心花怒放。可是用手去揭取時，卻像碰到了豆腐一樣，想用刀子劃出一個小口看個究竟，但刀劃下去時吱吱作響，只好停下來。此時棺內冒出強烈的酸臭氣，在場的人只好拿手帕捂住鼻了。等到午夜，仍未能看到眞像，大家掃興而去。

經過一周時間的剝離，一具屍體的頭部露了出來，直到這時，大家才發現絲綢衣服包裹的是一具完整的女屍。古屍如此完好地保存至今，這是驚人的發現，在場者無不爲之激動。應如何處置這一具古屍，我們內部產生了分歧。一種意見是，考古工作主要保護文物而不保護屍體；另一種意見是，兩千年的古屍不腐，屬世界罕見，應該認眞保護。後來用電話請示北京，圖博口的負責人王冶秋指示，屍體和衣物都要保護好。

古屍應該怎樣保護，我們對此一無所知，因此打電話向北京、上海等科研部門請教，毫無結果。後來向湖南醫學院求援，他們派來了王鵬程副教授和另外幾名專家，經研究後，決定用酒精、甘油和福爾馬林混合液進行體內注射，外部則浸以福爾馬林溶液。這樣，古屍的保護問題初步得到解決。

千年古屍出土的消息一經傳出，社會上要求參觀的呼聲愈來愈高，尤其是一些曾經支援過發掘的單位，更是想先睹爲快。上級領導認爲長沙人口不多，排起隊來看，大約半年可以看一遍。指示我們要盡快陳列，迎接開放。這樣一來，每天有數萬人湧入博物館。頃刻之間長沙市增加了五萬流動人口，而能進館參觀的人每天只有一萬四千人左右，博物館的人員在工地上奮戰數月，已十分疲憊，面對應接不暇的參觀者，頗有怨言。有人編了個順口溜說：「挖了一個死人，害了一批活人，得罪了一群好人。」

此時，圖博口負責人王冶秋到了長沙，他將此種萬頭攢動參觀古屍的情況報告了周恩來先生。周先生立即作了嚴肅的批評，指出這樣下去「出土古屍和衣著、帛文非變質不可」，並指示「立即採取辦法移轉到冰室，消毒防腐加以化工處理」。因此，我們於當夜立即把古屍轉移到湖南醫學院密藏起來。至此，一種災難性的參觀方告結束。

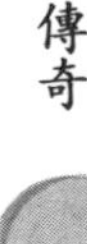

6.郭沫若院長的關懷

一九七二年夏，湖南省上送了「關於馬王堆漢墓出土屍體解剖問題的請示報告」到北京，時久不見批覆。十一月間李先念先生及夫人林佳眉陪同尼泊爾首相比斯塔夫婦前來湖南博物館參觀，我們趁此機會向李夫人反映了意見，她返京後，頗爲幽默地向有關部門說：「我最近去看了馬王堆老太太，她變瘦了，要趕快解剖。」周恩來先生很快批示：「王冶秋同志：請邀有關同志和專家再議一次，如同意即請提出一個工作小組名單，協助湖南醫學院進行報告中所提的，和追加各項安排和調度。」

一九七二年十二月，王冶秋先生率領一批醫學專家抵達長沙，他們是來自中國人民解放軍醫學科學院、中國醫學科學院，以及北京、武漢、中山、湖南等醫學院的教授、專家。

因爲專家名單已報告周恩來先生，大家深感責任重大，對女屍的解剖問題——比如頭部是開顱還是鑽孔，胸部是大開膛還是只從腹部切口，內臟取出後腹部如何縫合、填塞及保護等等——作了深入細致的研究。屍體內臟的狀況，大家曾作了三種估計，一是十分完整；二是已經溶化，拿不上手；三是可能又薄又脆，一碰即碎。對這三種情況大家都提出了相應對策。方案確定後，又立即報告了周先生。一九七二年十一月十日，周先生在電話記錄上批示：「即送沫若、西堯❶兩同志閱，如有不同意見，或應注意事項，請郭老批注。西堯以電話告冶秋同志。」郭老批注曰：「沒有不同意見，請注意探求致死原因，並注意免受屍毒的感染。」等到十二月十一日早晨，郭老再來信說：「關於馬王堆的屍體解剖，我想起一件事，即吸取骨髓進行血型鑑定（O型、A型、B型等）。此事日本人曾注意到。一般管狀骨的兩端是創造血球的地方，骨髓在骨管中想來還保存得相當良好，如就一支上臂骨或下臂骨的兩端開孔取髓，便可進行驗證，這樣既可保護屍體的原狀，也能鑑定出二千多年前古人的血型，爲屍體解剖增添一項成果。如認爲可以請電告長沙。」郭沫若院長如此深切的關懷，給在場的醫學專家和考古工作者以極大的鼓舞。

究竟誰作主刀，幾位老年專家互相謙讓，還是湖南醫學院病理教研室青年助教彭隆祥有勇氣，他自告奮勇當此重任，立即得到大家的擁護。他將女屍腹部切開後，發現內臟十分完好，可以全盤托出。大家看了欣喜異常，這實在是世界上少見的現象。接著就組成了保存原因、保存水平和病變死因等三個專題研究組，由三十五個科研單位與醫學院校分擔任務，他們分別從防腐處理、皮膚研究、頭髮研究、X射線研究、死亡年齡、組織化學檢查、鉛汞測定、微生物檢查、棺液分析、病變死因、屍體類型和中草藥考證等方面對女屍進行了深入的研究，取得了豐富的成果。這些研究成果，集中反映在《西漢古屍研究》一書中。

---

❶西堯即劉西堯，當時爲國務院文教辦負責人。

7.二、三號漢墓發掘紀實

當周恩來先生在審查關於馬王堆一號漢墓的紀錄片「考古新發現」時，看到一號墓旁邊的大土堆，當即對王冶秋說可把旁邊那個墓也進行發掘。

一九七三年九月六日，湖南省上報了「關於發掘馬王堆二、三號漢墓的請示報告」。周恩來先生進行了批覆。十月三日上午，王冶秋局長打電話給省委書記李振軍，轉達了批示的內容：「此事請待王冶秋同志回京後，協同國家文物事業管理局、科學院考古研究所和各地有關科研單位和醫學科研及醫務人員前往長沙，協助省委辦理此事，並請文化組派科技電影製片廠、新影、總政派八一製片廠，擔任影片攝製工作。務期這次發掘工作，要取得比上次更多的成績和收穫。

省委李振軍同志任組長，王冶秋同志、科學院考古研究所、醫學科學院、上海科研單位各出一人，連同省委宣傳部張蘭明同志爲副組長，成立小組，定出切實可行而又不遭損失破壞的計畫，經省委批准後再開始發掘。共二十多萬元，可以滿足其需要，要預置一些設備和化學藥品。」

從上述批示可以看到，中央從人力到物力都給予了很大支持，給即將參加考古的工作人員以極大的鼓舞和信心。

領導小組成立了，其中加入了中國醫學科學院院長黃家駟和上海的研究員王應睞，下設辦公室及秘書、宣傳、施工、業務、安全保衛、古屍研究等小組。之後，省內外的科研、新聞等單位大批專家雲集長沙，此中有中國科學院考古研究所、文物保護科學技術研究所、石油化工院綜合研究所、中國醫學科學院、人民解放軍醫學科學院、中國科學院生物化學研究所、上海市科技組、北京科技電影廠、中央新聞紀錄電影廠、八一電影廠、北京電視臺、外文局、人民畫報、文物出版社等省內的地質、氣象、微生物、化工等科研單位和省電視臺、新聞圖片社、新華分社、湖南日報、湖南畫報等單位，一齊參加了發掘籌備工作的有關活動。

三號墓的發掘工作開始於十一月十九日，在此之前，先在墓區內用洛陽鏟打孔，由省氣象局測量了不同深度的地溫，並在三號墓東側鑽了一個九米深的孔，定點觀察。同時也進行了濕度測定工作。地質科研人員也積極收取各種樣品。

開頭先用推土機鏟去了封土堆，露出墓口後，再用人工發掘，三號墓的發掘工作主要由湖南師範學院歷史系八十多名師生參加，並有解放軍工程兵部隊二十多人，分爲三班，日夜施工，到一九七三年十二月十三日，經過了二十五個晝夜的奮戰，見到了白膏泥，此時，從墓口已下挖了六點五米深，一共取土一千八百立方米，此墓最大的特點是沒有盜洞。

在發掘過程中，遇到了許多有趣的現象，比如在墓道的左右側各有一個空洞，開始不明眞象，後來灌以石膏，始知爲兩個跪坐的「偶人」。很顯然他們是在守門鎭墓。在墓坑的塡土中先後發現了雲紋瓦當和漢文帝時的四銖半兩錢；尤其重要的是在靠北壁處有一件帶木柄的鐵臿，這在全國是首次

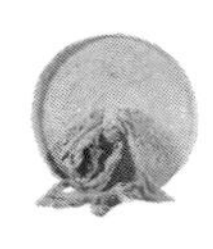

發現。再一個是兩邊有提手的圓形竹筐。鐵臿、竹筐，正是兩千年前人們用以築墓的主要工具。在白膏泥中還蘊藏著碧綠的樹葉子，有一段青色的竹子和許多小竹片，幾乎和新鮮竹子無異，可見這白膏泥的防腐性能是何等神奇。

當時現場，工地上人聲鼎沸，熱鬧非凡，除了發掘人員外，各類科研人員都在注視著自己的資料，爭相採樣。三個電影製片廠已成立了聯合攝製組，計畫拍攝新聞片一本，紀錄片四本和科教片六本(後來合為「馬王堆二、三號漢墓發掘記」科教片，向全國發行)。十一月二十一日，電影、電視攝製人員用直昇飛機拍攝了長沙的外貌和馬王堆的全景，工地上從不同角度搭起了三個高高的攝影架，人們上上下下忙碌異常，各自在攫取鏡頭，僅從施工前原貌到發掘經過，就拍攝了四千多呎膠片。一些攝影記者也拍攝了大量照片。總之，發掘之中，所有新的跡象，都未能逃脫新聞工作者的視野。

因鑑於一號墓發掘的後期曾遭到萬人圍觀的困擾，故此次發現墓室內文物之前，就在周圍架設了鐵絲網，白天晚上都派有民兵和由省軍區派的武裝警衛。工作人員都頒發了出入證和特別通行證，因此，雖然人員衆多，但秩序井然。

當時的湖南省委第一書記張平化、省軍區司令員楊大易對此十分重視，曾多次到現場指導，省委書記李振軍、國家文物局局長王冶秋及考古研究所所長夏鼐等先生，親自指揮了整個發掘工作。在取運文物期間，楊司令還派來一個連的士兵來作保衛工作，這些，給我們以無限的精神力量。

三號墓上層的白膏泥厚約七十厘米，取去白膏泥和碎木炭之後，龐大的木槨室顯露了，上面覆以整幅的大竹席，形制比一號墓略小，是一槨三棺，由於白膏泥封閉不嚴，故屍體及衣衾均已腐朽，只剩骨架，經醫學專家鑑定，墓主人是三十多歲的男性，他是長沙丞相利蒼之子。

三號墓的出土文物有一千多件，可以說是琳瑯滿目，這裡有四幅帛畫，六百一十支竹簡，三十八件兵器，六件樂器，三百一十六件漆器，一百零四個木俑，五十個竹笥。尤其可貴的是，出土有十二萬多字的帛書。

巨大的西土冢是二號墓，發掘工作從一九七三年十二月十八日開始，至一九七四年一月十三日結束，歷時二十七天。

二號墓坑爲橢圓形，十分特殊，口徑南北長十一點五米，東西寬八點九五米，深十三米，墓道兩側也有用木頭和草泥製成守墓的「偶人」。一槨兩棺，是三個墓中規模最小的一個，槨外木炭白膏泥很薄，而且放置不勻。從一個頂部大盜坑中發現有唐代的瓷碗，說明遠在唐朝即有人來此盜掘過。還有一個盜洞是一九四九年的，由於密封不嚴，棺槨已嚴重腐朽，故四百多件隨葬品大部分已經殘破。

此墓外形高大，與一號墓東西並列，因此發掘之前，我們曾對它抱有莫大的希望。當時正値長沙最冷的季節，在天寒地凍滿地泥漿中，我們的考古人員和解放軍戰士吃了不少苦，不料出土的竟是一堆朽棺木和一堆殘破的器物，大家極爲失望。一九七四年一月十三日，狂風怒吼，大雪紛飛，這天要清理墓底的文物了，此時李振軍組長親臨現場，鼓勵大家不要氣餒，要在泥漿中仔細搜尋，後來果眞在泥漿中找到了「長沙丞相」官印，這一喜出望外的收獲，使大家十分快慰，從而證實《史記》、《漢書》有關記載是可信的。

8.發掘中趣聞種種

讀到了高至喜先生在湖南博物館舉辦的《軑侯報》上所寫的〈馬王堆漢墓發掘拾趣〉之後，也引起我的不少回憶，特將兩個人的記憶加在一起寫成本文。

二、三號漢墓是一九七三年十一月中旬開始發掘的，此後發掘因有周恩來先生的批示，所以有各方支援，大批專家匯集長沙，這和一號墓的發掘形成了十分鮮明的對比。

根據周恩來先生的「務期這次發掘工作，要取得比上次更多的成績和收穫」的指示，大家決定三號墓在開棺之前要鑽孔取樣，其原因是一號漢墓出土了一具轟動世界的女屍，在古屍研究中發現很多不能解決的疑問：墓室中氣體是何成份？它的來源？棺液是事先放入的防腐液？還是地下水的滲透？女屍腹內的甜瓜子，細胞結構完整，但缺少了與遺傳繁殖有密切關係的琥珀酸脫氫酶等物質，是原來損失的？還是發掘過程中造成的？種種疑問都希望在二、三號漢墓的發掘中能獲得解釋。

首先決定打一個鑽孔先取樣後開棺，以避免墓外的溫濕度及氧氣的干擾，解決棺液中是放置了防腐液還是棺外空氣中的水分子滲入後凝結而成？爲此專門設計製作了一個儀器，在三號墓開棺之前即獲得棺內氣體與棺液的樣品，後因屍體已腐，這些樣品已無研究價值，不過此種設想及此類儀器確是一種創造，它對今後的考古發掘工作還是有用的。

當時中國醫學科學院院長黃家駟先生建議要購置一個高壓氧倉，等內棺出土後直接運入氧倉內，使之與空氣隔離，考古人員在氧倉內開棺，醫務人員即在倉內解剖取樣，這樣即可萬無一失。當時長沙地區尚無一家醫院有此設備，因此我奉命趕赴上海，通過上海第一醫學院到了瑞金醫院（原廣慈醫院），仔細觀察並了解了高壓氧倉的價格、作用以及安裝使用等情況。不過由於種種原因，此氧倉在三號墓發掘之後才運到長沙，安裝在湖南醫學院第二附屬醫院內。它雖未能爲死人服務，現在卻大量用以活人的治療，並爲醫院帶來莫大的經濟效益。對此，我們應該十分感謝已經仙逝的黃家駟先生。

在三號墓距墓室不遠的墓道兩側遇到兩個空洞，此種現象不多見，大家十分詫疑，曾就讀於中央美術學院的陳慰民先生，也可能由於所學專業的啓迪，他建議用石膏漿澆灌即可見分曉。結果發現是兩個守門的「偶人」，東側偶人高約一米，頭戴鹿角，兩手左右平分，跪在地上；西側木偶也是跪坐，可能是起鎮墓獸的作用，原來爲木質的，後來腐朽無存。

在三號墓的塡土中發現有雲紋瓦當，還有漢文帝時的四銖半兩錢。最重要的是在靠北壁處發現有一件帶木柄的鐵臿，此處還有一件已被土壓壞的竹筐。這是挖土時使用的工具。臿就是今天的「鍬」。《漢書・溝洫誌》上說：漢武帝太始二年（公元前九五年）開鑿白渠，「溉田四千五百餘頃」。人民編了頌歌，其中有：「舉臿爲雲，決渠爲雨」的字句。臿在漢

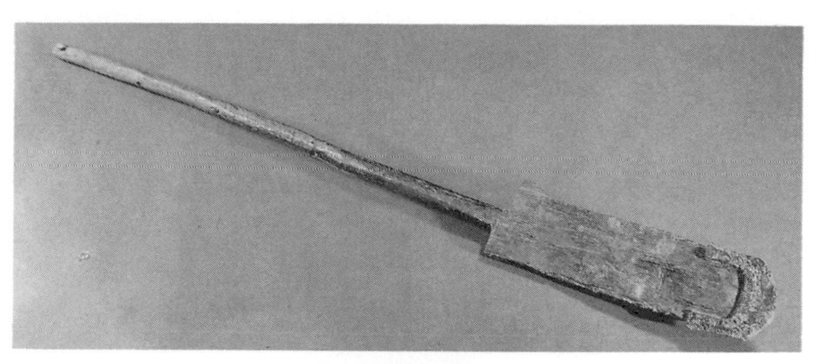

木柄鐵臿

代水利及農業生產中是常用的工具。此鐵口木臿長一百三十九點五厘米，重近三斤，鑄鐵口呈凹字型。臿柄是化香樹料製成。臿面上刻「十五」二字，可能是工具編號，應屬軑侯家所有，可見這些服役的勞動人民連最簡陋的生產工具都沒有。竹筐過去叫「簣」，出土時半邊殘缺，口徑約爲四十三厘米，筐口較大，邊上有絞篾提手兩個，筐子是用楠竹青篾編織，十分結實。這兩件工具可不能小看，它是非常難得的古代生產工具。另外在二號墓的填土中發現了鑄鐵夯錘，底部直徑五點五厘米，像口大底小的圓筒，其大小和墓中的夯窩相同，用時應有長長木柄，至此，築墓的工具即已全部發現。《漢書·景帝紀》說，列侯死後，「國得發民輓喪，穿、復土治墳，無過三百人畢事」。築造如此工程浩大的墳墓，按上述標準估算，三百個農民要爲軑侯家幹上一年，即以十萬個工時修好這三座墳墓，這是多麼驚人的一個數字啊！

三號墓的槨蓋打開之後，琳瑯滿目的一千多件隨葬品展顯在人們的眼前，此時安全地提取文物是首要任務，因此各方面專家即大顯身手，如槨室西壁懸掛的大幅帛畫，即由北京故宮博物院裝裱專家張耀選先生完整地剝取下來。可是在西邊箱看到了四百多支竹簡，因綴繩腐朽，竹簡已雜亂無序，爲了便於今後釋讀和研究，必須要保持其原來的順序，爲此，我們在場的人都感到十分爲難，就連發掘過幾千座古墓的老技工任全生等都束手無策。人稱「智多星」的王振江，是中國科學院考古研究所的文物修復專家，他看了又看想了又想，要了一些麻繩來，上面繫以木棒，細心地把竹簡的交叉處依次聯繫起來，前後僅用一個小時左右，即將全部竹簡整體提出，因此在工地上響起了一片歡呼聲。

發掘二號墓時，北風呼嘯，大雪紛飛，但發掘工作日夜進行。我們發現此墓外形龐大，內部狹小，上圓而下方，又由於多次被盜，四百多件隨葬品都已腐朽或損壞，並且屍骨無存。基於先前在一號墓的發現，我們對與之並列的這個大墓本來抱有很大的希望，現在成了泡影，因此有些灰心喪氣。後來從邊箱的泥漿中摸出了銅鼎、純金弩機和玳瑁卮杯等重要文物，大家情緒有所好轉，尤其是發現了「利蒼」玉印和「軑侯之印」的龜鈕銅印之後，大家又喜上眉梢。因爲日本有的考古專家在朝日新聞出版的《軑侯報》上撰文說，我們把一號墓主認定爲軑侯夫人是錯誤的。原因是她的隨葬品「富擬王妃」，故可能是軑侯的女兒、長沙王的兒媳。能發現這兩個印，豈不問題迎刃而解了。但按《漢書》、《史記》上的記載，還應該有一顆「長沙丞相」的官印，但四處搜尋，不見蹤影。後來發現槨板底層有一條裂縫，大家分析這顆印有可能漏到下面去了。領導小組組長李振軍先生現場指導，鼓勵大家不要氣餒，把泥漿挖回來，用水沖洗一下，說不定能找到這個印還有別的文物。我們照此辦理，果然在水中找到了「長沙丞相」的龜鈕銅印。中國科學院考古研究所的考古專家王孖高興地說：「從這個墓裡挖出了馬王堆漢墓的眼睛。」

「軑侯之印」（龜鈕銅印，左）
「利蒼」（玉印，中）
「長沙丞相」（龜鈕銅印，右）

9.施工現場小插曲

馬王堆一號漢墓發掘時，當時全館人員都上陣了，湖南省博物館革委會第一副主任（相當第一副館長）崔志剛是一位老先生，因進行過胃切除手術，對一般飲食不能適應，但他仍堅持守在工地上，作一些指揮調度工作。有一天他站在防空洞口觀察挖土情況，不料上面坍方把他全身埋入土中，因爲事出突然，把在場的人都驚呆了，等我挑土回來得知此一情況後，立即動手刨土，將滿身塵土的老崔揹到醫院急救室，經過醫生的一番搶救，崔志剛先生竟安然無恙地又出現在工地上，人們都說這是一個奇蹟。某次收工時天色已暗，一位姓金的年輕民工，嫌走挑板上岸太麻煩，就從坑壁的臺階向上跳，臺階高約一米，按說跳上去並不難，可是雨後的泥土油滑油滑的，跳上去手抓不住而掉入坑中，當時墓坑已深達十米左右，這又使我著實地吃了一驚，不料坑底正好有兩支箢箕，形成了襯墊，因此他又安全脫險了。自此之後，我們特別強調了安全施工問題，以至後來大批學生前來支援時，也從未發生過事故。

× × ×

在湖南的考古隊伍中有幾位老技工，他們曾是本省考古隊伍中的一大支柱，同樣在馬王堆漢墓的發掘中，他們也是勞苦功高的人，他們的名字分別是任全生、李光遠、蘇春興、胡德興、漆孝忠等，這些老技工都出身貧寒，文化缺乏，但每個人都有幾十年發掘古墓的實際經驗。他們手持一把短柄鋤頭，每到一地即東挖挖西看看，取一把土樣瞧一眼，即能準確無誤地分辨出這是否爲古墓的填土，確定之後，很快就能找出古墓的四邊，進一步即可推斷出此墓的時代與深淺問題。

在馬王堆一號漢墓發掘的前一年，我們在省博物館院內修築一條新路，老技工李光遠要我到工地去看看，說有一座戰國墓，我走去一看，他勾劃出墓口正好在大路的中間，我看土色沒有多大差異，因此面呈疑色，老李以堅定的口氣說，這是一座戰國墓，大概有六、七米深，我聽了同意停工挖墓。後來果然證實了他的判斷，確是一座戰國土坑墓，墓中出土有青銅劍及其他器物。憑眼力找古墓聽起來有些玄妙，因此有些群衆說他們眼裡有神能入土三尺，有的說他們的眼比「翻山鏡」還靈，一般人均尊稱他們爲「土專家」。因此在馬王堆一號漢墓的發掘中，這一批老技工與考古幹部結合起來，形成了考古發掘工作的主力軍，可惜任全生、蘇春興、漆孝忠均已去世了，但他們的名字將永遠留在湖南田野考古的史冊上。

× × ×

一號漢墓經過將近兩個月的發掘，露出了一個龐大而完整的棺槨，正如日本一些考古學者所說：「挖一萬個墓也不一定會遇到保存如此完好的古墓。」但是開槨之後，衆多文物的提取、繪圖、照相、搬運、保護可是一個天大的問題。考古幹部大多數下放農村，力量嚴重不足，後來決定向北京求援，經國務院圖博口負責人王冶秋先生與考古研究所聯繫後，派來了王㐨、白榮金兩位專家，他們的加入，使我們感到有了依靠。雖然每天有上萬人包圍參觀，對文物清理工作有所干擾，但工作還算是順利的，可是在四個槨箱一千多件器物提取完畢後遇到了難題，即內棺無法開啓，內棺外罩羽絨錦，十分華麗，但蓋子粘結牢固，怎麼也撬不開，一號墓坑上下二十點五米深，天又下雨，拖延下去深怕出問題。王、白二位專家也十分焦急，因觀衆太多，改爲夜間工作白天休息，但白榮金先生爲此事睡不著覺，他到附近農村去走一走，發現當地有一個打鐵廠，他突然想到要打四個鏟形鐵環拿回來，在內棺的棺蓋下各楔入兩個，穿以木槓向上擡，就這樣他們二位絞盡了腦汁才打開了這個丞相夫人睡臥了兩千多年的棺材。王㐨、白榮金的名字將永遠與馬王堆一號漢墓聯結在一起。

10.社會科學與自然科學的大協作

經呈報國務院批准，自一九七三年冬至一九七四年初，我們又繼續發掘了馬王堆二號、三號漢墓。二號墓在一號墓的西側，是諸侯長沙國丞相利蒼的墓，三號墓在一號墓的南側，是利蒼兒子的墓。這三個墓葬的是利蒼、辛追和他們的兒子，合起來正好是軑侯一家人。三個墓的出土文物合計起來三千餘件，包括帛書、帛畫、竹笥、漆器、兵器、樂器、竹簡、絲織品、木俑、陶器、農畜產品、中草藥等等。這些文物可以使我們具體了解西漢初年的政治、軍事、經濟、文化和科技等各方面情況，因此具有很高的歷史價值、科學價值和藝術價值。

中央和省委領導對墓葬的發掘、研究非常重視。周恩來先生曾作過五次批示，還親自任命湖南省委書記李振軍擔任馬王堆二、三號漢墓發掘領導小組組長。國家文物局局長王冶秋、中國科學院考古研究所所長夏鼐及上海的王應睞任副組長。領導小組組織有關單位對出土文物進行了大規模的多學科研究，取得了豐碩成果，這確是我國社會科學界與自然科學界在考古事業上的一次大合作，爲歷史上所罕見。

三號墓的出土文物學術價值最大，比如僅帛書就有二十

帛書《陰陽五行》

多種共十二萬多字，爲研究我國古代歷史、哲學思想、醫藥理論、科學技術提供了重要文獻。計參加帛書整理小組的有：國家文物局古文獻研究室、北京大學、中山大學、歷史研究所、自然史研究室、中國歷史博物館、故宮博物院、中醫研究院、中國測繪研究所、中國地圖出版社、衛生部、南京紫金山天文臺、北京天文臺、湖南省博物館等單位的古文字學家和考古學教授多人。大家費數年之力，對這一批寶貴的帛書進行了精心的研究和注釋，出版了《老子》、《五星占》、《戰國縱橫家書》、《醫書》、《春秋事語》、《相馬經》等數十冊。

其中僅醫書即有《足臂十一脈灸經》、《陰陽十一脈灸經》甲乙本、《脈經》、《陰陽脈死候》、《雜療症》、《產經》、《去穀食氣》、《十問》、《合陰陽》、《雜病方》、《天下至道談》、《五十二病方》和《導引圖》等十四種之多。湖南中醫學院等有關單位還成立了馬王堆醫書研究會，並多次召開學術討論會，該會還計畫在長沙召開一次具有相當規模的國際馬王堆醫書學術研討會。

墓中還出土絲綢和服飾共一百五十多件。其中包括單幅絲綢四十六塊，成件衣服五十八件，服飾二十七件。這也是極爲珍貴的發現，因此也投入了大批人力研究。研究範圍之廣，規模之大，從參與單位即可見一斑。據不完全統計，北京考古研究所、上海紡織研究院、故宮博物院、蠶業研究所、上海絲綢公司、上海印染公司、上海第二第十一印染廠、上海第一第三第七絲綢印染廠、東風雨衣染織廠、上海冶金研究所、上海硅酸鹽研究所、藥物研究所、材料研究所、絲綢科學技術研究所、上海紡織工業局、杭州勝利絲綢廠、蘇州東方紅絲織廠、湖南湘繡廠、湖南博物館等等單位參加了研究。他們分別從古代的栽桑育蠶技術、繅絲紡織技術、印染技術和絲綢分類等各個方面對出土絲綢服飾進行了廣泛的探討，取得了十分引人注目的成果。另外棺槨、樂器、帛畫、漆木器、動植物等也分別由木材研究所、化工研究所、動物研究所、植物研究所和樂器研究所等單位進行了多角度的研究，研究者先後寫出了許多專著和論文。

彩繪陶豆

紅青矩紋錦

11.上海等地的「馬王堆熱」

一九七三年五月，馬王堆漢墓出土文物陳列館動工後難題甚多，如鋼門鋼窗、空調設備、有機玻璃棺材、吸濕機、燈具、地毯等等，在當時的長沙俱無法解決。於是我和文化物資公司的工作人員到上海去求援。上海市生產組認為此項建築材料未納入年度計畫，無法解決，我內心十分焦急。想不到一個意外事件使我找到了一把解決問題的「金鑰匙」。

一天，復旦大學著名歷史地理學家譚其驤教授約我給該校歷史系學生介紹馬王堆漢墓，我欣然應諾。報告後次日，該系一位教師找我說：「市委領導想請你去作報告。」當時我有些猶豫，他又說：「你不是有很多難題要解決嗎？這豈不是天賜良機！」我想有道理，當即答應下來。聽報告的領導幹部有二十多人，我講完後提出了問題，市委領導立即在介紹信上批字，要工交組❶召開會議盡快解決。

工交組的首次協作會議有輕工機械、玻璃機械、有機化學、燈具、門窗等公司的負責人參加。會議中宣讀了馬王堆漢墓發掘展出的意義、國務院決定和市委批示，之後大家即就有機玻璃棺的加工工藝問題、鋼門鋼窗的鋼材指標問題、門鎖的銅材料問題進行磋商。最後門窗公司提出援外任務緊，八月份不能交貨。而這樣不免要拖延基建進度。最後，決定讓我去工廠作報告，由工人自動加班來解決。上海市科技組❷還召集醫學院校對棺液配方等問題進行了專題研究。

之後在市政府又作了一次報告，這時消息傳開，參與馬王堆漢墓出土文物的研究單位、基建支援單位紛紛找上門來。我爲了酬謝大家，盡量滿足要求，即先後爲復旦大學、師範大學、第一醫學院、第二醫學院、上海博物館、自然博物館、上海市文化局、紡織研究院、文匯報社等三十多家單位作了報告，一時上海形成了「馬王堆熱」。

有幾次報告戲劇性頗強。製作有機玻璃棺需要大型玻璃作模具，我找到了耀華玻璃廠生產組，他們認爲大規格玻璃生產不安全，即或生產出來也出不了車間門，且沒有黃河牌大汽車無法拖走。後來廠的領導要我爲各車間負責人講一次馬王堆漢墓，事後大家積極想辦法，難題都解決了。

我到上海火車站交涉有機玻璃棺的托運問題，貨運組說排隊要半年，且路上要經過幾個編組站，如果撞壞誰負責任。經作了報告之後，馬上就辦妥了托運手續。他們通知了沿途各站，並派專人協助，使有機玻璃棺按時運達長沙北站。

「馬王堆熱」絕不止出現在上海，北京、南京、杭州以及長沙都有相似的情況。比如一九七三年春，中國科學物理研究所領導約我作報告，出了一張海報，頃刻之間便來了很多人。後來在中國歷史博物館作報告時，聽衆也十分踴躍。

---

❶工交組是文化大革命的臨時機構，當時它權力很大，主管工業、交通方面的一切事宜。

❷科技組是文化大革命的臨時機構，主管科學研究方面的事宜。

12.世界最大新聞之一

一九七二年七月，新華社公布了長沙馬王堆一號漢墓出土的消息，立即轟動了國內外。據新華社統計，幾乎所有的報紙都對此事作了報導。因此，長沙馬王堆漢墓的出土成爲當年世界最大新聞之一。

我們的東鄰日本反映最快也最強烈。日本輿論界、歷史學界和美術史學界對此事極爲重視。一九七二年七月三十一日東京各大報社在顯著位置報導了馬王堆漢墓出土的消息。八月一日各大報晚刊又在頭版頭條位置以大量篇幅刊登了一組照片，各電視臺也播放了消息，放映了照片。《朝日新聞》說：「兩千一百年的歷史展現在眼前」；《產經新聞》說：「中國的奇蹟，栩栩如生」；《讀賣新聞》說：「精巧、燦爛，古代中國」。各報還刊登了日本學者的文章。歷史學家杉松勇造說：「這是了不起的，我感到驚訝，中國古代和戰國時代的美術史要重新寫。」東京大學教授、考古學者關野雄看了照片說：「這是超乎想像的傑作，今後即使再挖掘一萬處，也不會再發掘出這樣高水平的東西來了。」又說：「今後如果進行醫學解剖，也許可以知道兩千年前上流階級的人們的營養狀況和死因。」又說：「蓋棺用的『T』形絹子，它在繪畫史上的意義是空前的。」國立博物館考古課長、考古學家三木文雄說，女屍能保存這樣好，「其科學之處理方法令人驚嘆!」他又說:「這眞是一起世界性的發現。」又說:「湖南地方的諸侯墳墓如此華麗，所以肯定還會有其他更出色的遺蹟，希望給中國的挖掘調查以聲援。」共同社的電訊說:「中國湖南省挖掘出一座西漢時代的古墓的消息，在我國也引起巨大反響，人們紛紛議論說:『這眞是中國的高松冢啊!』有些研究人員還說:『這是中國五千年的歷史中一個與北京猿人並駕齊驅的重大發現。』」

許多外國人看過實物後也反應強烈，我接待過一位挪威外交官，他說:「兩千年前當你們創造了這樣好的文化時，我們還處在石器時代。」非洲一位國家首腦說:「歐洲白人宣揚他們創造了世界文明，錯了，中國才創造了光輝的古代文化，這是我們第三世界的驕傲。」墨西哥一位地理學家說:「這個漢墓的出土是你們考古學中的重大成就。」美國博物館協會代表團的人說:「在中國看了很多博物館，最好的是兩個，一個是秦始皇兵馬俑博物館，一個就是馬王堆漢墓的出土文物展覽。」世界測繪協會一位常務理事（西德人）說:「原來我把埃及公元二世紀的地圖作爲世界最早的地圖，想不到你們在公元前二百年就有了地圖。」美國加州大學還召開了馬王堆漢墓學術討論會。

從上述可知，馬王堆漢墓確實引起了世界的轟動，因此自開放展覽以來，已接待國內觀衆五百餘萬人，接待來自一百六十多個國家和地區的外國友人十餘萬人，港澳臺同胞三萬餘人。它宣傳了我國的歷史和文化，促進了中外文化交流和人民的友誼。

貳　服飾篇

龍紋銅鏡

13.色彩繽紛的漢代絲綢

要講馬王堆漢墓出土的絲綢，還得從遠古說起。我國是世界公認的絲綢發源地。我們的祖先育蠶、繅絲、織綢已經有五千年的歷史了。一九二六年在山西省夏縣西陰村新石器時代遺址中就發現有繭殼。浙江省吳興縣錢山漾新石器時代遺址距今爲四千七百五十多年，在那裡也發掘出絹片、絲帶和絲絨。後來到殷周時代，野蠶已開始改由室內飼養，這就是說，野蠶已開始馴化爲家蠶。

正因爲如此，早在公元前五、六世紀，我國美麗的絲綢就傳到了歐洲，比如公元前三世紀印度孔雀王朝月護王的一位大臣在《政論》一書中，就記載了公元前四世紀中國絲織品向印度運銷，印度商人又把它運到歐洲的事。那時希臘、羅馬等國以古代西伯利亞地區的一個專作販賣絲綢生意的部落「塞里斯」代稱中國——即「絲國」之意。一位羅馬作家曾讚美說:「中國產絲，織成錦繡文綺，運至羅馬……裁成衣服光彩奪目。」❶古希臘人斯特拉波（公元前六三～二〇年）也在《遊記》中稱中國爲「絲之國」，而後西方人又稱長安爲「絲城」。

據說羅馬帝國的凱撒（前一〇〇年～四四年）曾穿著中

國絲綢做成的袍子去看戲，引起了劇場的轟動。一四九二年，意大利人哥倫布在遠渡重洋去尋找新大陸時，爲了鼓勵海員們的士氣，曾宣布：「誰首先發現陸地，另賞一件絲綢上衣。」可見當時絲綢衣服仍很珍貴。

我國養蠶繅絲的方法，大概在秦漢以前已傳到朝鮮，之後又東渡日本。張騫出使西域，也帶去了絲綢，後來西方商人千方百計想把蠶種搞到手。據說，古時新疆和闐地區瞿隆旦那國，曾利用通婚的方式讓中國公主把蠶種藏在帽子裡偷偷帶到了西域。大約在公元六世紀，養蠶法傳到了東羅馬，十四世紀傳到法國，十六世紀傳到英國，十九世紀才傳到美國，因此我們可以很驕傲地說：世界上每一個穿絲綢的人都應該感謝我們的祖先。

我國絲綢雖然已有五千年的歷史了，但由於蠶絲是動物纖維，由蛋白質組成，故極易腐朽，因此古代絲綢究竟發展到了什麼樣的水平，很難了解其全貌，而長沙馬王堆一號漢墓的發掘，首先揭開了這個謎。

一號漢墓的墓主人辛追是西漢早期諸侯長沙國丞相利蒼之妻，因此她是一個典型的古代貴夫人。她的隨葬品中共有絲織品一百五十餘件，比如單幅絲綢有四十六卷，成件衣物有五十八件，其中屬於服飾一類的有二十七件，即，絲綿袍十一件，夾袍一件，禪衣二件，以及裙子、手套、鞋子、襪子、絲巾、香囊、繡枕、鏡袋、瑟衣、繡花包袱等等。

這批出土絲織品的特別可貴之處，在於它代表了西漢初絲織品種的大部分，如有輕紗、紋羅、素絹、紋綺、紋錦、絨圈錦、組帶等等，確是品種齊全美不勝收。那二十七件服飾也是當時我國所發現的古代服飾最早最多的一批。

所以馬王堆漢墓出土的絲綢，不僅爲我們研究西漢時代的農業、手工業經濟的發展提供了實物標本，也爲我們研究漢代栽桑、養蠶、繅絲、紡織、染色、印花、刺繡等科學技術提供了最豐富的實物史料。這確是先人給我們留下的一筆極爲珍貴的文化遺產。

對鳥菱紋綺

❶這是羅馬博物館學家普林尼（公元二三～七九年）在所著《自然史》中講的話。

14.花團錦簇的織錦

過去人們常用「花團錦簇」這個成語來描述五彩繽紛、十分華麗的景象。錦是一種用幾種顏色的經緯線織成圖案花紋的提花織物。在漢代以前,「蜀錦」、「衛錦」已馳名各地。馬王堆漢墓出土的錦種類甚多,如有平面顯花的幾何紋錦、茱萸花紋錦、動物紋錦、凸花幾何紋錦、隱花波紋錦、隱花花卉紋錦、隱花動物紋錦等等,這些錦只要用普通織機就能織造,但絨圈錦的織造就大不相同了。所謂絨圈錦,很可能就是我們現在所說的天鵝絨的前身。過去有人說,這是元、明之際從外國傳來的,也有人說它起源於晉代或東漢晚期。而事實上,西漢史游所著《急就篇》中就提到了「絬」❶,「絬」就是這種起絨織物。有了這些實物,我們就可以把絨圈錦的創始時間提前三百多年。

在馬王堆一號漢墓出土的服飾中,我們可以看到使用絨圈錦的地方不少,比如絲錦袍的領子、袖口,以及衣帶、香囊、鏡衣底、几巾等都用了它。這種絨圈錦的織造技術高級而複雜。它的經絲用二色或三色,緯絲用單色。經絲有四組,一組底經,兩組地紋經和一組比較粗的絨圈經,底經與緯經組成錦面的底子,兩組地紋經交叉進行,絨圈經則用作起絨。

起毛錦袖緣

如果織幅爲五十厘米，它的總經數就有八千八百至一萬一千二百根之多。東漢的王逸在〈機婦賦〉中曾詳細描述了這一織造過程。根據他的記述，我們知道提花機是在機後建一個三尺多高的花樓，機架前面多懸綜面，增加脚踏，把地紋經和絨圈經加以排列組合，同類合併。織花時要兩、三個人協作。挽花工坐在花樓上，按設計好的紋樣挽花提綜，機臺上的織工專門織緯，這種織法非常複雜，非有精湛的技術不可。另一本書《西京雜記》上說：漢昭帝時，河北鉅鹿地方有一位紡織專家陳寶光的妻子創造了織綾機，使用一百二十鑷，即一部機用一百二十根經線，六十天可織一匹花綾。此種機每一線有一個脚踏的鑷，共一百二十個鑷，其複雜由此可見一斑。

湘繡和蘇繡、粵繡、蜀繡並列爲全國四大名繡。四繡各有特色，如湘繡以色彩艷麗、紋樣生動著稱，蘇繡以圖案秀麗、色彩典雅著稱。過去有人認爲湘繡只有二百年的歷史。但馬王堆漢墓出土的刺繡品很多，比如有「信期繡」、「長壽繡」、「乘雲繡」等。信期繡上繡著很多燕子頭，說明它春來秋往是典型的候鳥。長壽繡用彩色絲線繡出作爲長壽象徵的雲彩、花蕾和葉瓣。乘雲繡繡的是飛卷的雲霧，在雲霧中隱約可見神獸。各類刺繡針法細膩流暢，基本針法是辮子股繡。此種繡法要求很嚴，必須做到針脚匀稱，弧度一致。此外還有類似接針的繡法和單針辮子股繡法等。從兩千年前的刺繡品中，可以看到湘繡源遠而流長的歷史。

乘雲繡枕巾

---

❶史游《急就篇》提到「毦」，舊注曰：「毦，謂之刺也。」《廣韻》曰：「絹帛毦起如刺也。」故毦即起絨織物。

(參見彩圖二九)

15. 薄如蟬翼的素紗禪衣

馬王堆漢墓出土的素紗禪衣，是一種稀世珍品。這種衣服出土前放在一個大竹笥裡，一共有兩件，衣長一百二十八厘米，袖長一百九十厘米，重量僅有四十八克，另一件是四十九克。五十克為一市兩，所以兩件衣服都不足一兩重，如果把袖口和領口鑲的錦邊去掉，我想可能只有半兩重了。所以上海紡織研究院的一些絲綢專家看到後十分驚喜。他們認為其輕薄程度可以和現代生產的高級尼龍紗相媲美，古人這樣形容這種衣服：「薄如蟬翼、輕若烟霧」。過去我們沒見到過實物，說不淸楚它是一種什麼樣的絲織物，現在親眼看了，才知古代文人的描述恰到好處。

我國最早的詩集《詩經》上說：「衣錦褧衣，裳錦褧裳。」這裡所說的「褧衣」，據考證就是這種沒有裡子的禪衣。它的原意是說，古時婦女們為了美觀起見，喜歡把薄薄的禪衣罩在花衣上面穿。我想它和我們現代戲劇舞臺上所使用的紗幕是一個道理，在布景外面罩上一層紗幕，會產生一種立體感，使人更覺其中的神秘美妙。由此可見，兩千多年前的中國婦女是愛美的。而且懂得一定的美學原理。

類似《詩經》上的一些詩歌，直到唐朝還有。唐代大詩人白居易所寫〈繚綾〉一詩可以作證。他在詩中說：

> 「繚綾繚綾何所似？不似羅綃與紈綺，應似天臺山上月明前，四十五尺瀑布泉。中有文章又奇絕，地鋪白烟花簇雪。……奇彩異文相隱映，轉側看花花不定。昭陽舞人恩正深，春衣一對值千金。」

有關此類衣服的傳說故事還有一個，說的是唐時駐廣州的一位官員，某日接見一位阿拉伯商人，商人老盯著看他的胸口，他問何故。商人說，你雖然穿了兩件綢衣，我還能看到你胸口上的黑痣。他這一說，引得這位官員大笑。他說，我穿的不是兩件，而是五件綢衣，這一說，更使商人結舌。

好的絲綢源於好的蠶桑，《齊民要術》一書總結了從西漢到北魏的蠶桑技術，其中提到了用壓條法來栽培優良「黑魯桑」品種的方法。桑與桑距離爲「率一步一樹」。這個時候，家蠶的品種也得到了改良，據說已能養「四眼二化蠶」❶了。正是由於栽桑、養蠶技術的改進和提高，才可能產生高質量的蠶絲。有些絲織品通過切片投影和X射線衍射等方法鑑定，證實所用原料全是家蠶絲，因爲絲纖維的纖度爲零點九六～一點四八旦(每九千米長的單絲重一克爲一旦)。單絲顯微實測截面面積爲七十七～一百二十平方微米，說明蠶絲極細。這一切都足以證明當時長沙地區不僅桑葉質量有了提高，而且養蠶技術已大有改進，否則不可能生產出這樣高質量的蠶絲。

一九七三年，馬王堆漢墓十分轟動，許多人索要資料，我們在匆忙中編寫了《長沙馬王堆一號漢墓發掘簡報》，其中有一部分精裝本擬贈送外賓作參考，爲了謹愼起見，國家文

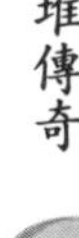

物局王冶秋局長送給周恩來先生審閱。結果周恩來先生發現「素紗禪衣」有誤。他指出「禪衣」與佛教有關，這裡應改爲「襌衣」。當我們得知這一批評後，未免大吃一驚。當時有人說：「周先生是天下第一忙人，連一個小點都不放過，可見我們在工作中是萬萬不能大意的。」他的這一批評，使我們許多人都終身難以忘懷。

藕色紗

❶《齊民要術》卷五：「三臥一生蠶」即「三眠一化蠶」；「四臥再生蠶」即「四眠二化蠶」。

16.漢代刺繡與湘繡

過去有人說，作爲全國四大名繡之一的湘繡只有二百多年的歷史。但馬王堆漢墓出土的一大批刺繡品，證明它的源頭在秦漢以前。

墓中竹簡上寫著「信期繡」、「長壽繡」和「乘雲繡」等名稱，這些由古人精心製作的刺繡品，至今仍熠熠生輝。「信期繡」是以候鳥作爲主題的圖案化裝飾。展翅飛翔的鳥群，有著朱色奪目的頭嘴，配以絳色、深綠色的羽翼，穿插在淺棕色或金黃色的雲層裡。那些變形的長尾巴小鳥，很可能就是春來秋往的燕子，此謂「信期」。「乘雲繡」繡著神獸出沒在五色祥雲之中，畫面是翻騰飛卷的雲霧，雲霧中神獸之頭隱約可見，這應該是我們民族崇龍的象徵。「長壽繡」的色彩變化在灰紫、棕、紅、橄欖綠之中，就像紫雲舒展在仙樹的

信期繡黑色羅綺

枝葉內，神樹上的花蕾葉瓣可能象徵著長壽。

從實物來看，當時刺繡的技藝是十分高明的，針法相當細膩流暢。其基本針法都屬於鎖繡，也稱辮子股繡。鎖繡法又分爲兩種，一是開口鎖繡，一是閉口鎖繡，技術都要求很嚴，即要做到針脚勻稱，弧度一致。從出土刺繡品中還發現了兩種以前不知道的技術，有一件「長壽繡」殘片，爲了使花紋變得更加纖細，最尖端使用了類似針接的繡法，這種針法與後來打籽繡的針法非常相似。一號墓內棺外套上用的鋪絨繡是用直針針法滿鋪而成的，此屬平繡系統，這是目前所見的我國平繡作品最早的一件，也屬珍品。

從上述介紹可悉湘繡源遠流長。從過去長沙楚墓中出土的刺繡品來看，早在二千五百年前的春秋時代，湖南地方刺繡就有了一定的發展，數百年後到了西漢初年，湘繡即逐漸形成了質樸而優美的藝術風格。近代以來，廣大藝人的創造，一些優秀畫家的參與，使湘繡技術得以改革提高；中國畫許多固有的優良傳統被移植到湘繡中，繪畫、刺繡、詩詞、書法、金石各種藝術巧妙地融爲一體，使湘繡形成了以中國畫爲基礎，運用七十多種針法和一百多種色線，充分發揮針法的表現力，精細入微地刻劃物象外形和內質的特點。所以繡品往往構圖章法嚴謹，形象生動逼眞，色彩鮮明強烈，具有遠觀氣勢雄偉、近看出神入化的藝術效果。

目前湘繡中的「獅」、「虎」、「孔雀玉蘭」、「松鶴牡丹」等大型作品深受中外人士的稱讚。尤其是「雙面全異繡」（即正反兩面繡出不同形象）「楊貴妃」、「花木蘭」等精品，更爲人們所欣賞。我們完全相信，馬王堆漢墓出土的刺繡品就是湘繡的前身。湘繡是數千年來我們祖先勞動和智慧的結晶。

17. 古代絲綢的印染技術

馬王堆漢墓出土的服飾和絲織品，絕大多數都是染色的，有的紅得像珊瑚，紫得像水晶，黃得像琥珀，青得像美玉，五彩繽紛，美不勝收，我們從中可以領略到古人的審美觀。據紡織專家分析，從絲織品到刺繡所用的彩絲，一共有三十六種顏色。除常見的朱紅、深藍、深紅、淺棕、深棕、藏青、黑、朱黃、金黃、淺藍、深綠外，還有藍黑、淺藍、金棕等等。那時把染色分爲草染和石染，實際上是就染料來源而言——前者以植物爲顏料，後者以礦物爲顏料。凡是衣物上的朱紅色用的都是礦物顏料朱砂，用現在的話來說就是硫化汞。

湖南自古以來盛產朱砂，《尚書・禹貢》上說：「荆州貢丹砂。」說的是常德、辰州一帶。朱砂顆粒雖大，但染得很均勻，從出土絲織品可以看到孔眼很清晰，並無堵塞現象。它的加工方法，經印染專家分析，可能有兩種：一是使用某種膠合劑浸染，一是使用塗染法加工。凡是深紅色用的都是植物染料茜草，而青色用的是藍草，黃色用的是黃梔。這些植物染料，原先採自野生植物，大約到戰國時期，已有人工種植，《藝文類聚》上有一篇〈藍賦〉，作者是東漢趙岐。他經過陳留（在河南省），看到那裡的田野一望無際皆爲藍草，說

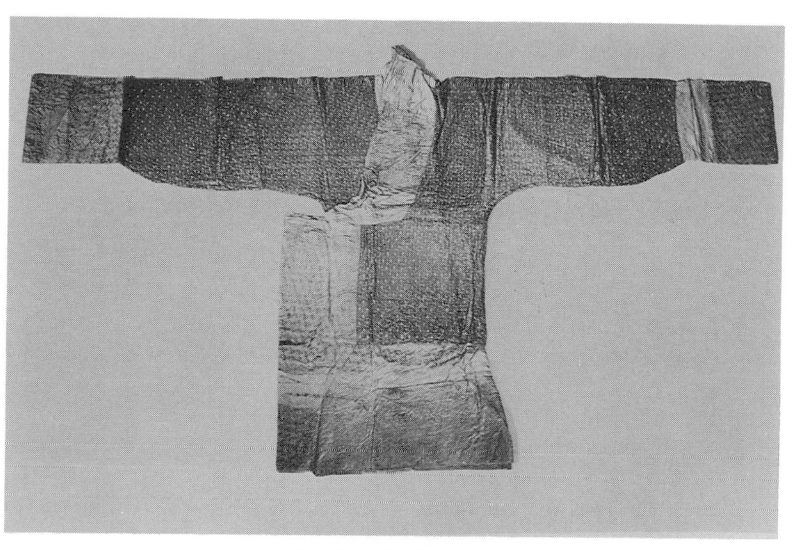

印花敷彩錦袍

印花敷彩黃紗錦袍

明當地農民皆以經營染料爲業。他形容藍草像小山上的麻那樣茂盛，又像揚花的小麥那樣油綠。藍草中含有藍靛，是當時青色染料的主要來源。戰國時荀卿講過一句名言：「青，取之於藍而勝於藍。」這句話已衍化成我國數千年來常用的成語。《史記·貨殖列傳》上說，種植千畝梔茜，收入可「與千戶侯等」。可見梔茜種植量大，經濟收入高，社會需要量也很多。

運用植物染料染色，需要掌握時間之長短、溫度之高低、濕度之大小，因此工藝水平很講究。而馬王堆出土的絲織品，在地下埋藏了二千多年，至今顏色仍很純正，染色質量之高可見一斑。染色方法有兩種，一種是織染法，即將絲染色後織綢或刺繡；再一種是匹染法，即織綢後再染色。工藝方面基本上都用浸染法，即煮沸染料加上黃礬。還有一種套染法，即先染底色，之後再蓋以另一種色，此法用幾種染料，就可以變出許多色調不同的顏色來。

在染色技術發展的基礎上，我國勞動人民又創造了印花技術，可以把素色、單色絲綢變成色彩斑斕的藝術品。漢時，印花技術已十分成熟。比如一號墓中有三件印花敷彩絲錦袍，都是既有印花又有彩繪。有兩種泥金銀印花紗，是用塗料色漿多版分色印花方式加工成的。這是現存世界上最早的彩色套印物，在印染工藝史上占有重要地位。

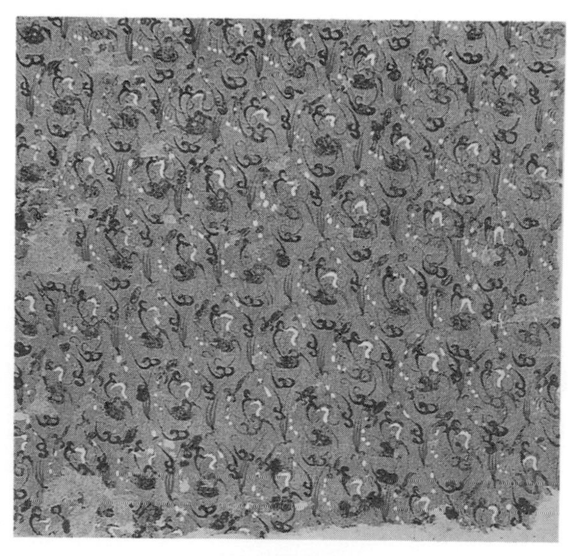

印花敷彩紗

泥金銀印花紗

(參見彩圖四四)

18.烏紗帽的「老祖宗」

烏紗帽是古代帽的一種。實際古代人並不叫「帽」，而是稱作「頭衣」或「元服」。因爲《儀禮·士冠禮》上說：「令月（好月份）吉日始加元服。」鄭玄注：「元，首也。」頭衣、元服是統稱，實際上貴族中的男子，他們的頭衣可以分作冠、冕、弁等三大類。

這「冠」字在古代有許多含意。《禮記·曲禮》說：「男子二十，冠而字。」這裡是說，男子到了二十歲，要舉行冠禮儀式，並另起名字。凡少年人一舉行過冠禮就大不一樣了，從此社會及家庭成員都必須把他看作成年人。他的一舉一動都必須符合封建的道德禮儀。所以古人把戴冠也看成一種「禮」。孔子的高足弟子號稱「七十二賢人」，其中有一個是子路，衛國內亂時，他的冠纓被人用刀砍斷了，他却說：「君子死，冠不免。」於是停止戰鬥去「結纓」，結果被人殺死，由此可見他們把冠看作比生命還重要。那時向人道歉時要免冠，奴僕罪犯就不能戴冠。所以冠也成了貴族男子的專用品，所以鮑照的〈代放歌行〉說：「冠蓋縱横至，車騎四方來。」

事實上冠與現代的帽子並不一樣，它是一個冠圈，上面有一條狹窄的冠梁，從前至後覆以頭頂。其作用一是束髮，

二是裝飾。

冕，按《說文》講：「大夫以上冠也。」原來是天子、諸侯、大夫的祭服，後來只有帝王才能用，而冕有旒，旒是前沿成串的小圓玉。

弁是貴族專用而比較尊貴的頭衣，有皮弁、爵弁之分。皮弁是用幾塊白鹿皮拼接而成，頗似後代的瓜皮帽。爵弁也叫雀弁，紅中帶黑，似冕而無旒。

關於「烏紗帽」，可能和古代的「籠冠」有關。因其形狀高深似籠故名，是用黑色漆纚製成，故也叫漆紗籠冠。係由漢代武弁大冠發展而來，曾流行於南北朝，至隋唐時期又稱「烏紗帽」。《通典》說：「隋文帝開皇初，嘗著烏紗帽，自朝貴以下至於冗吏，通著入朝。」有一種「紗冠」也相類似，《遼史·儀衛志》載：「朝服……臣僚戴毡冠……或紗冠，制如烏紗帽，無檐，不壓雙耳。額前綴金花，上結紫帶，末綴珠。」《唐書·輿服志》上說：「烏紗帽者，視朝及燕見賓客之服也。」史書上說最早用藤編織，以草巾子爲裡，以紗爲表，再塗之以漆，後來發現紗經油漆後堅固輕便，即不再使用藤裡了。

三號墓出土的烏紗帽，沒有在戲曲舞臺上所看到的左右兩個硬翅，酷似現代的游泳帽，因此最高人民法院院長江華先生來參觀時，他聽我介紹是烏紗帽，即說：「我看這不像烏紗帽，倒很像游泳帽的老祖宗。」江華先生給我的印象是：態度和藹，談笑風生。他說：「我原來姓虞不姓江，有一次毛澤東先生問我，你是不是舜的後代，我說我自己也不清楚。」江華係湖南江華縣人，臨近九嶷山，山上有舜陵，目前當地還有虞姓人家。

19.從貴婦人的衣著看漢代服飾

一號漢墓的墓主人是丞相夫人辛追，她死後，家裡人給她穿裹了二十二層衣被，可以說一年四季的穿蓋全有，比如有錦衾（被子）四件，綿袍六件，絲繡單衣六件，麻布單衣一件，麻布單被和包裹兩件，還有三件繡花黃絹，因爲殘破了，尙未分清是衣是衾。即使如此，她家裡人仍不放心，還把許多新衣服放在六個大竹笥裡。經過清點，完整的成件服飾有二十七件，這是我國目前發現的古代服飾年代最早、數量最多、保存最好的一批，其中僅絲綿袍(如朱紅羅綺綿袍、褐羅綺綿袍等等）就有十二件，還有夾袍一件，單衣三件，單裙二件，手套三副（有一副上面繡「千金」二字），夾襪二雙，鞋子四雙。三號墓中有鞋一雙，漆纚紗帽一頂。衣物竹笥已壞，但簡上寫有「禪衣」、「複衣」、「長襦」、「便裳」、「胡服」、「漢服」等名稱，從中可看出原來陪葬的一些情況。

這些衣服皆用絲綢原料，繡工極精，故價值昂貴。《西京雜記》上說，漢宣帝時陳寶光夫妻六十天織一匹綾（漢尺寬二尺二寸、長四十尺爲一匹，每尺等於今市尺七寸），當時價值萬錢，大概合三、四百石穀子。一件直裾絲綿袍的裡和面，要用衣料二十三米，即要絲綢兩匹半，這數十件單衣、夾衣、

綿袍全部用掉的絲綢，當是一個十分驚人的數字。那麼多刺繡品，全用人工刺繡，千針萬線又該要多少功夫？我們曾請一位湘繡老師傅估算了一下，一件信期繡絲綿袍，所用的繡工，起碼要三、四百個。所以漢代的賈誼在寫給皇帝的〈上疏陳政事〉中曾說：「夫百人作之，不能衣一人，欲天下亡（無）寒，胡可得也。」連當時的統治階級都感到吃驚。

大概商周以前，我國男女的服裝在形式上基本相同，一般都是上衣下裳或穿「深衣」（上下相連的衣服如長袍等），區別只是在質料和花紋上。到了漢代，婦女的禮服是深服，比如這位貴夫人有那樣多的絲綿袍，都屬禮服。這種服飾只有在參加敬神拜祖或喪葬婚嫁等大典時才穿。在日常生活中，他們的服飾是上衣下裙，裙和古代的裳基本相同，既然這時已有「裙」之稱，說明男女衣服有了區別，即裙已成爲婦女的專用品，所以「裙釵」亦成爲中國婦女的代名詞。當然裙的式樣有很多變化，如一號墓中出土的裙很小，和現代婦女穿的緊身裙一樣，古人稱褲爲「袴」或「褌」，實際上兩者不一樣。「袴」是無襠褲，相當北方流行的「套褲」，「褌」是長褲，那時短褲叫「犢鼻褲」。一號墓中沒見到褲子，可能那時有些地區仍然有以裙代褲的習慣。

中國婦女的服飾到魏晉南北朝以後，因受北方少數民族的影響，有了明顯變化，上長下短變爲「上儉下豐」，「寬衣博帶」變爲「窄袖緊身」。衣上有了「帔」，相當於今日的長圍巾。唐代婦女服裝主要由帔、衫、裙組成，裙長曳地，衫曳在裙腰裡，肩上披以帔帛。

一號墓中有四雙雙尖翹首鞋，那時叫方履，這證明漢代婦女是天足。

20.通過手套話「千金」

一號漢墓出土有三副手套，都是直筒露指式的夾手套，一副是絹地「信期繡」，兩副是羅綺，十分引人注意的是，手套掌面的上下兩側，都飾以「千金絛」一周，同墓出土的竹簡上稱爲「千金絺飾」。

除了手套之外，包裹在屍體上的絲帶和麻帶，也是「千金絛」，而竹簡上稱作「繻緩綸」帶的，是一種狹窄的絛帶，用以裝飾衣物。還有一種是魚尾紋的捆屍筒狀組帶。這三種絛帶，都是只有經線而沒有緯線的，具體方法是用一組左經線與一組右經線，呈四十五度角相互編織，利用雙層組織結構原理，編成圖案和文字的花紋，以使其看起來旣華麗又美觀。

「千金絛」帶的出土，證明古代勞動人民在沒有機械編織的情況下，能以精巧的雙手，高超的技術編織出這一種罕見的絛帶。織物結構上具有正反相同的圖形，用不同色彩的經線編織，這是一種量小、費工而結構複雜的高級工藝品。它爲研究我國絛帶織物的發展歷史提供了極爲有價值的實物史料。

此種絛帶更有價值的是「千金」二字，它很可能是開創

了漢字「吉祥」語裝飾以紡織品的先河。此種吉祥語織物在我國出土的不少，如英國大不列顛博物館，收藏有我國東漢時代的絲織品和毛織品，其中即有漢隸銘文的「子孫無疆錦」、「昌樂錦」、「延年益壽錦」及「續世宜子孫錦」等等。新疆維吾爾族自治區博物館藏有漢隸銘文「萬世如意」錦、「延年益壽大宜子孫」錦等等。這些有銘文的織物，從時間上看，大體都晚於馬王堆一號漢墓，尤其從銘文的內容上看，使用「千金」二字的尚屬首例，此處即大有文章。

千金，《辭海》上說，《史記・項羽本紀》：

「項王乃曰：『吾聞漢賜我頭千金，邑萬户。』」

《漢書・食貨志》上也說，千金，就是指黃金千金，漢代以一斤金爲一金，價值萬錢。《史記・劉敬叔孫通列傳》上也說：

「千金之裘，非一狐之腋也。」

總的來看，千金就是十分珍貴的意義。所以古代把富家之子即稱作「千金之子」，比如《史記・袁盎晁錯列傳》上就說：

「千金之子，坐不垂堂，百金之子，不騎衡。」

不過通常把「千金」都稱作未出閨門的女子，直至今日仍在沿用。其具體出處尚待考證，我們看到的文字記載首先出於我國古典名著《紅樓夢》中，在五十七回，〈悲紫鵑情辭試莽玉，慈姨媽愛語慰痴顰〉中，薛姨媽談到湘雲不知什麼叫「當票」時說：

「怨不得她，眞眞是侯門千金，那裡知道這個，那裡去看這個。」

另外是明代臧懋循所著《元曲選》（又名《元人百種曲》）中〈張國賓薛仁貴榮歸故里〉一戲裡，將官宦人家的姑娘稱作「千金小姐」。

奇怪的是在同時代的其他墓中，未見有織品物上的「千金」紋飾。因爲辛追身爲軑侯夫人，政治地位甚高，所以其隨葬品中，多處可見「千金」紋飾，這應該是其門第和尊貴的表現。我記得醫學專家在研究女屍時，發現其體內，有典型的血吸蟲卵，那是大講「階級鬥爭」的時代，因此有人提出她可能出身貧苦，幼時下水田勞動以致感染血吸蟲；另一部分人持反對意見，他們認爲在封建社會裡，等級森嚴，富家子弟結婚必須「門當戶對」，她的病，可能是由於生活用水導致感染。從其所用「千金」絛看來，我是贊成後者的意見的。這些稀有的出土文物，也證明了辛追是一位典型的「大家閨秀」。

21. 根據鞋襪話「纏足」

在參觀西漢女屍時，人們經常提出的問題之一即爲：「她是大腳還是小腳？」回答：「是大腳。」接著第二個問題就是：「纏小腳從那個朝代開始？」因此西漢古屍和纏腳問題發生了聯繫。

馬王堆一號漢墓出土有夾襪二雙，都是齊頭，靿後開口，口的兩邊綴有襪帶，襪子全是用絹做成，一爲素色，一爲絳紫色，縫留在腳面和後側，襪底沒縫，面上是細絹，裡子是粗絹。一般底長二十三點四厘米，靿長二十二點五厘米，頭寬八十一厘米。

鞋子有四雙，都是雙尖翹首方履，由女屍腳上脫下來的青絲履，保存最好，這鞋長二十六厘米，頭寬七厘米，後跟深五厘米。鞋面用絲縷編織，呈現一種菜綠色，底子是用麻線編織成的爲淺絳色，襯裡爲絳紫色，鞋幫是「人」字紋組織，鞋墊又是平紋的，另外三雙保存較差，已有些變形。

從出土的這些鞋襪，完全可以證實，軑侯夫人確實有一雙天足，這是不容置疑的。

而中國婦女的纏足究竟是從什麼時候開始的呢？湖南懷化博物館的張輝輝在〈裹足文化與婦女解放〉一文中，曾進行了一番考證。

南宋時的張邦基在《墨莊曼錄》中說:「婦人之纏足起於近世,前世書傳無所載,自南史齊東昏侯爲潘貴妃鑿金如蓮花以貼地,令妃行其上,曰以步步生蓮花,然亦不言其弓小也。」後人雅稱女人纏足爲「三寸金蓮」,也許就是出自此處;也有人認爲南唐李後主的愛妾窅娘是纏足的創始人。據說後主爲妾築一蓮花有六尺高,窅娘以帛纏足,使之纖小屈上作新月狀,窅娘於蓮花之上翩翩起舞,後人寫詩讚曰:「蓮中花更好,雲裏月長新。」由此,群相仿效。張輝輝認爲上述均不可全信,她認爲:「裹足文化大約始於唐宋之間的五代時期,於北宋熙寧、元豐(一〇六八～一〇八五)年後,則『人人相效,以不爲者爲恥也』。至宋元時期,廣泛傳播形成習俗。」

關於纏足的起因,學術界有不少說法,實質是「男權至上」的反映,即以婦女纏足而限制其行動,使之能居家而安,是婦女貞節的標誌之一;另一個原因是「病態審美觀」造成的,認爲婦女有了三寸金蓮,「行不動裙,笑不露齒」,這是美女必須具備的條件,尤其是閨中待嫁的黃花女子,如果沒有一雙小腳,即或美如嫦娥,也將無人問津。

纏足要從三、四歲開始,用長長的裹腳布將正在發育中的雙足緊緊纏住,以阻止其生長,最後腳背弓起,四趾壓扁緊貼大姆趾,使之猶如藕尖。我幼年在豫北的家鄉,曾親眼目睹此種少女纏足時的痛苦,此實爲封建制度強加以婦女的枷鎖之一。

千年習俗形成一種傳統觀念,要加改變也需要一定的時日,如我國婦女的放腳,也有不少曲折,據《辭海》所載,清康熙三年(一六六四),有詔禁纏足,康熙七年(一六六八)

又罷此禁。太平天國在其轄區內也曾禁止纏足，但時間短暫，直到辛亥革命之後明令禁止纏足，經過若干年後，才逐漸廢絕，這實在是中國婦女的一大幸事。

五十年代初有一個中國代表團到東歐各國訪問，某次在路上遇到一批新聞記者。

記者問：「你們是日本人嗎？」

答曰：「我們是中國人。」

又問：「既是中國人，爲什麼你們的女士沒有纏足呢？」

答曰：「中國婦女早已不纏足了。」

再問：「你們女士能否擡起腳來，讓我們拍幾張照片呢？」

答曰：「可以。」

於是中國婦女的腳被拍成照片登上了報紙。據說在此之前，歐洲人一般看不起中國人，他們常常譏笑中國是「男人抽大煙，女人纏小腳，當官的坐八擡大轎」，可見婦女纏足也嚴重損害了中華民族的形象，當然這已是歷史陳跡了。

「小腳女人」一詞現已成爲我國人民常說的一種警句，即告誡那些「墨守陳規，不思改革」的人，不要故步自封，這也算是婦女纏腳留給我們僅有的一點好處吧？

22.髮髻梳理文章多

頭髮是一個人儀表儀容的重要組成部分，對於婦女來說，有一頭烏黑如雲的頭髮，就會增加許多美的風韻，所以自古以來我國婦女就十分注意梳妝打扮，尤其是注重髮型，《中華古今注》說，周文王制平髻；秦始皇詔后梳凌雲髻；漢高祖令宮人梳奉聖髻；漢武帝時宮女梳十二鬟髻；靈帝時，梳瑤臺髻；魏文帝時，宮人梳百花髻、芙蓉歸雲髻……等等。

此種婦女髮式到隋唐時候就更爲豐富多彩，如：

隋有：八鬟髻、翻荷髻、坐愁髻、九眞髻、側髻等；

唐有：倭墮髻、高髻、低髻、風髻、小髻、螺髻、反綰髻、烏蠻髻、同心髻、交心髻、側髻、囚髻、椎髻、拋家髻、偏髻、花髻、拔叢髻、叢梳百葉髻、雙鬟望仙髻、半翻髻、回鶻髻、反綰樂游髻、歸順髻、雲髻、雙髻、雙螺髻、寶髻、飛髻等等。

將頭髮捲著圓形的叫作鬟，鬟的種類也不少，如有雲鬟、高鬟、短鬟、低鬟、雙鬟、圓鬟、垂鬟、同心鬟等等。當時鬟飾也很多，如有蟬鬢、雲鬢、雪鬢、叢鬢、輕鬢、圓鬢等等。

現在我們再來探討一下馬王堆漢墓出土女屍、帛畫和木

俑所表現出來的髮式。從這些實物和形象資料中表現出來的髮式很多，但總的看以垂髻和盤髻爲多。其髮髻梳編的方法，多將頭髮縷以腦後，再在末端綰上一把，結成小團(髻)。有的頭頂正中分開然後將兩股頭髮編成一束，由下朝上反搭，挽成各種式樣，垂至項背。有的還在髻後留出一撮頭髮，使其直垂臀部，美其名曰「垂髾」(又名分髾)。《妝臺記》記載說：「漢明帝令宮人梳百合分髾髻。」應該就是這一種髮式了，因爲最高統治者提倡，故在當時屬於流行髮式之一，而且後來歷代也曾沿用，直至清朝、民國時期，一般農村老年婦女還梳這種頭，名曰「疙瘩纂」。

盤髻編梳的方法是將頭髮梳至腦後再挽回，總成一束，平展盤旋於頭頂。一號漢墓女屍頭上即爲此種髮髻，因她的本髮已有些稀疏，所以借用假髮編綴起來梳成盤髻，然後插有三個笄，前額上還飾貼金、鑲金的花瓣形飾物，對照帛畫上的圖像，這可能是通常所說的「步搖」。《後漢書》稱「皇后步搖」。步搖是一種附在簪釵上的首飾，上飾金玉花獸，下垂五彩珠玉，婦女在行動中，即隨之而擺動，因此而得名。《藝文類聚》載有梁范靖妻〈詠步搖花詩〉云：

> 「珠華紫翡翠，寶葉間金瓊，剪荷不似制，爲花如自生，低枝拂繡領，微步動搖瓊。」

一直傳到唐代，富家閨秀仍以步搖爲裝飾，白居易的〈長恨歌〉中即有反映，如說：「雲鬢花顏金步搖。」

除上述外，漢代婦女還喜愛用瑤臺髻、三角髻、盤桓髻、三鬟髻、分髾髻、墮馬髻等。此種墮馬髻甚有特點，即將髮髻編垂一邊，《後漢書》李賢注引《風俗通》說：「墮馬髻者，側在一起。」據說梳此髮髻能增加婦女的嫵媚風韻。史書曾記載，漢順帝時，皇后之兄梁冀之妻孫壽生得美貌，打扮得十分嬈嬌，頭上梳以墮馬髻，更顯得嫵媚艷麗，別有神韻，深受京都貴婦的賞識，競相仿效，一時風靡全國，長久不衰。故《樂府詩集·梅花落》曾讚美說：「妖姬墮馬髻，未插江南璫。」

關於馬王堆漢墓出土文物中髮型資料，湖南博物館的李正光先生曾在深入研究後繪製成圖像，在「馬王堆漢墓出土文物陳列」中予以展出，因此受到了廣大觀衆的關注。

23. 自古假髮尚美容

西漢古屍生前雖貴爲丞相夫人，但史籍上不見記載，從一漆奩中發現一顆印章，上書「妾辛追」三字，所以僅知其名爲辛追，故在推斷其年齡時，煞費功夫，經過醫學專家的一番討論，才推斷爲五十歲左右，她全身毛髮皆黑，也成爲判斷其年歲的一個佐證。

這位夫人死時頭上梳有一個盤髻，髻上挿了三支笄，且分別爲角質、竹質和玳瑁等。髮的上半部呈黑黃色是眞髮，而下半部編綴了假髮是黑色，她在生前對美容美髮十分關注，因爲除頭上戴有假髮外，在一個漆盒裡還放有一盤備用的假髮。當時有人分析，這假髮也可能是她本人在年輕時留下來以備老年用的，後來醫學專家爲了檢驗她的血型，把眞髮、假髮都作了分析，發現其血型不同，前者爲A型，後者爲AB型，因此認定她所用的是別人的頭髮。

婦女使用假髮由來已久，而且其中還大有「文章」。湖南博物館的陳松長先生曾對此作過專題考證。

古史記載衛夫人宣姜是一個美女，故《詩經・鄘風・君子偕老》說：「鬒髮如雲，不屑髢也。」鬒是黑髮，髢是假髮，詩的大意是讚美衛夫人宣姜美髮如雲一樣蓬鬆而柔軟，用不著以假髮來進行裝飾。從此我們得知假髮在春秋戰國時期已經流行了。《春秋·左傳》上記述了一個因假髮而招致殺身之禍的故事。魯哀公十七年，衛莊公有一次登城遠眺，發現一己氏的妻子有一頭秀美的黑髮，於是他居然派人去剪了來送給自己的夫人呂姜，作為美髮之用，不料己氏懷恨在心，後來將衛莊公殺死，報了這「一剪」之仇。衛莊公的死毫不足惜，但故事告訴我們古人對於美髮是何等重視。

封建時代等級森嚴，禮節繁縟，就是戴假髮也十分講究。《周禮・追師》中記載說：凡王后之假髮要分副、編、次三種，即副髮編為假鬢，再用衡、笄、六珈等加以裝飾，屬於最華貴，這是王后從王祭祀時所專用的裝束；編是用髮編為假鬢覆在眞髮之上，但不用飾物，這是王后進行採桑時所用；次是用眞假合在一起編列成鬢，是王后謁見君王時所用。可見在這種紛繁的禮儀制度中，假髮的編配和使用都是十分講究的。

軑侯夫人享有較高的政治地位，這從她的埋葬制度中可以看到，因此，她在臨死時，所用假髮的形制，既不是從王祭祀時的「副」，也不是野外採桑時所用的「編」，而專用謁見君王時所用的「次」，此中具有深刻的含意，即其夫利蒼早已逝世二十餘年，可能在彼一世界等候於她，故於靈魂「升天」之後，再去謁見軑侯，與之團聚。

由此可見，古人今人使用假髮裝飾自己都是出於審美目的，但使用起來却大不相同。今人使用假髮取消了過去那些不必要的繁文縟節。

24.丞相夫人的梳妝用品

根據醫學專家對屍體的檢驗，長沙丞相利蒼夫人的年齡爲五十歲左右。我們從她的隨葬品中可以看出，她生前過著十分闊綽的生活。她很注重美容，每天都要梳妝打扮。

一號墓有一個雙層九子奩，墓中的竹簡把它稱作「九子曾檢」，用現代的話說，是九子盒。它的蓋和四壁是夾紵胎(麻布胎)，雙層底用的是硬木胎。盒分上下兩層，上面有一個圓蓋，奩盒外表黑褐色，上面加刷一道很薄的金粉（其中還含

雙層九子漆奩（開啓）

有一定的銀粉，所以叫清金漆)，之後，再用油彩繪以黃、白、紅三色雲氣紋，看上去十分華麗、璀燦。

打開盒蓋，發現上層隔板上，放著手套、絮巾、組帶和繡花鏡套子，再揭開一層，發現構造頗奇特：它的下層底板很厚，上面鑿有九條凹槽，每條槽內放置一個小奩盒，形狀各不相同，有的是橢圓形，有的是長方形，還有的是圓形或馬蹄形，小奩盒上的花紋也各異，有漆繪的、油彩繪的，也有錐畫的，甚至還有錐畫和漆繪相混合的，人們不禁要問，這些小盒子是作什麼用的呢？原來裡面裝的都是化妝用品，也就是我們今天常見的唇膏、胭脂、撲粉等。在二千多年前，胭脂和撲粉已有這樣多的品種，可見那時化妝用品的生產已經很發達，同時也可見我國古代婦女是很愛美的，當時的美容術一定也很不錯。

中國古代婦女的基本化妝品有眉黛、粉、胭脂、口脂等，黛是畫眉用的，《楚辭·大招》上有「粉白黛黑施芳澤」的句子，不過當時女子畫眉常拔去眞眉再畫上綠色的假眉，現在聽起來也許有點好笑。今在古詩中我們還可見到關於婦女「翠眉」的描寫。到唐朝，因楊貴妃喜歡畫黑眉，民間爭相仿效，眉毛才改畫黑色。

古人搽脂抹粉也很講究。據《妝臺記》說：「美人妝，面貌敷粉，復以燕支（胭脂）暈掌中，施之兩頰，濃者爲酒暈妝，淺者爲桃花妝，薄口施朱以粉罩之爲飛霞妝。」點唇脂的花樣也多，見諸記載的有「石榴紅」、「大紅」、「淡紅心」、「眉花奴」、「嫩吳香」等。

這個墓中還有一個單層五子奩，裡面除了五只小圓盒外，還放著照臉的銅鏡。古時沒有玻璃鏡，古人照臉用盆水，青

單層五子漆奩（開啓）

銅器發明後改用銅鏡。除銅鏡外，又有鏡擦子、鑷、茀（小刷子）、笄（簪子）和木梳、木篦等各一個和一柄環首小刀，這些都是梳妝用具。梳篦是用黃楊木做成的，刨削工整，分齒均勻，寬僅五厘米的木篦，竟有七十四齒，是用什麼工具製作的呢？至今還是一個謎。

盒內還有一盤假髮，即現在的髮套。丞相夫人的頭髮漆黑，但頭頂上禿去一塊，所以其家人在入棺時，給她的頭上蓋了假髮，這一盤可能是備用的，即設想老夫人到另一個世界後，一旦頭上的假髮壞了，就可以把這個備用品拿來用。

盒內有一角質章子，上寫「妾辛追」，妾爲古代婦女的謙稱，所以她的名字叫辛追。這個章子十分寶貴，沒有它我們根本無法知道其名字。這位女子身爲貴婦，生前過著雍容華貴的生活，死後又享受列侯待遇，但墓葬或史書對她竟無一字記錄，可見在封建制度下，婦女地位之低下。

參　飲食篇

雲紋漆鐘

25.十分興盛的農業生產

中國是世界上最大的農作物發源地之一。我們的祖先很早就從野生植物中選育了稻、稷等農作物，而且至少在七、八千年前，就馴養了豬、狗、牛、羊等家畜。在三千年前的殷商甲骨文卜辭中，除了記有禾、稷、粟、麥、黍等農作物外，還記有畜牧和祭祀品。當時大的祭祀，常用牛羊數百頭，這些都是我們的先人發展農業的明證。

西漢初期，長期戰爭使社會經濟遭到嚴重破壞。劉邦統一之後，爲了鞏固新生的政權，採取了許多有效的措施，鼓勵務農，獎勵開荒，減輕賦稅，這些都有利於發展生產、恢復民力，爲失掉土地的農民所歡迎。經過數十年的休養生息之後，西漢社會出現了爲歷史所稱道的「文景之治」。馬王堆一、三號漢墓的下葬在時間上大致正在這一時期，故從墓中隨葬品可以窺見漢文帝時期農副業生產發展的大體情況。

墓中隨葬食物品種很多，這些食物大部分放在竹笥或裝在麻袋裡，還有一部分盛在陶器或漆器裡。比如在一號墓的四十八個竹笥中，有三十個盛有食品；三號墓的五十二個竹笥已經腐朽，但從竹笥的木牌上可以看到盛放食品的竹笥有四十個。

中國古代常把糧食合稱爲「五穀」、「六穀」、「九穀」和「百穀」等，如「九穀」包括稷、秫、黍、稻、麻、大豆、小豆、大麥、小麥，這些糧食作物在馬王堆漢墓的簡文中都有記載，有一部分還有實物存在，如稻、小麥、黍、粟、大豆、赤豆、麻子（當時作食物看待）等。其中稻穀數量較多，經農業專家鑑定，認爲西漢初期湖南的水稻品種是很豐富的，籼，粳、粘、糯都有，其中有帶芒的、無芒的、長粒的、中粒的、短粒的等等，可見這些隨葬食物的出土對研究我國古代稻穀品種和類型的演變和發展有極爲重要的意義。

我國的稻穀生產起源很早，在距今七千年的河姆渡遺址中已發現有稻穀。過去有人說中國的稻穀是從印度傳來的，可是印度發現最早的稻穀只有四千三百年的歷史，可見這種看法是沒有根據的。七十年代在廣東曲江縣發現的距今四千五百多年的石峽遺址中，也發現了人工栽培的籼型稻和粳型稻，且以前者爲主。除此之外，有三千多年歷史的雲南劍川海門遺址以及河南安陽、鄭州的古文化遺址都出土了稻穀。這一切都說明，在我國古代，水稻不僅已有栽培，而且從南到北，分布面非常廣闊。

另外如麥類遺物在雲南省劍川海門與安徽省釣魚臺均有發現，它的栽培時代至遲也不晚於西周。粟的種植比麥還要早，在距今七千九百多年的河北省武安、磁縣的古文化遺址中就發現了粟，西安半坡遺址是六千年前的，也發現了粟，這些遺址都分布在黃河流域，但從西漢墓的發掘中可以看到，江蘇、湖南、廣西等地也有粟生產。在山西、江蘇、遼寧、陝西、河南、湖南等地的古代遺址中都發現過西周到戰國時期的高粱。

浙江的河姆渡遺址發現有黑豆，黑龍江大牡丹屯新石器時代遺址也發現有豆麥植物，這說明在古代豆類也屬農產品之一。

除了糧食以外，漢代人喜歡吃的菜蔬，在墓中也有發現，如芋、薑、筍、藕、菱角以及冬葵子、芥菜子等等。

26.野生稻與栽培稻

馬王堆一號漢墓中出土的糧食品種很多，但我們著重對稻穀進行了研究，原因是關於栽培稻的起源問題，在國際學術界存在著爭論，如日本的加藤茂苞於一九二八年時把栽培稻分為兩個類型：即印度亞種及日本亞種。戶苅義次一九五〇年時認為，中國的稻是從印度支那，經過我國華南和西南而發展到全中國的。他的唯一論據是：中國語稻(Dao)與越南語Gao、泰國語Kao為同一語源。中尾佐助將洛陽漢墓出土的稻穀鑑定為秈稻。如果按日本的分類標準來看，長沙馬王堆一號漢墓出土的稻穀也只有印度型和日本型了。

為了要弄清上述問題，此次邀請了中國科學院植物研究所、北京師範大學生物系、廣東農學院、廣東農科院、湖南農學院、湖南農科院、湖南師範學院生物系、中國科學院考古研究所等單位的專家聯合對出土稻穀進行了認眞的研究。大家一致認為此種稻穀有秈、粳和粳型糯稻等幾種類型。從中可以看到西漢初期湖南的水稻品種極為豐富，秈、粳、粘、糯並存，有芒和無芒並存，長粒、中粒和短粒並存。這樣種類繁多的稻穀，對於研究我國古代稻穀品種和類型的演變發展是十分寶貴的資料。

《中國稻作學》認爲：中國栽培稻的祖先種是多年生的普通野生稻，在中國東起臺灣桃園、西至雲南景洪、南起海南省三亞縣、北至江西東鄉的地區內都有分布。中國野生稻的馴化、品種和栽培技術的進步，都有十分悠久的歷史。丁穎先生根據在廣東、廣西的西江流域廣泛分布野生稻的事實及有關中國歷史文獻資料，認定「中國的栽培稻起源於華南」，並把栽培稻分爲兩個亞種：秈稻亞種和粳稻亞種。根據上述情況和文獻紀錄，說明起源於雲貴高原的稻種沿著西江、長江及其他發源於雲貴高原的河川順流而下，分布於其流域平原地區各處。

至目前爲止，我國已發現有四十餘處新石器時代遺址有炭化稻穀或莖葉的遺存，尤以蘇南和浙北最爲集中，長江中游的湖北次之。出土的炭化稻穀（或米）已有秈稻和粳稻的區別，表明秈、粳兩個亞種的分化早在原始社會時期已經出現。上述稻穀遺存的測定年代多數較亞洲其他地區出土的稻穀爲早，這是中國稻種具有獨立起源的證明。

由於水稻原產南方，大米一直是長江以南人民的主糧。魏、晉南北朝以後經濟重心南移，北方人口大量南遷，更促進了南方水稻生產的迅速發展。唐、宋以後，南方一些稻區進一步發展爲全國稻米的供應基地。唐韓愈稱「賦出天下，江南出十、九」，民間流傳「蘇湖熟，天下足」和「湖廣熟，天下足」之說，充分反映了江南水稻生產對於供應全國糧食需要和保證政府財政收入的重要性。

因此，何和平先生在〈從五穀之末到五穀之首〉一文中，認爲：水稻在世界各大洲都有栽培，它是世界人民的主要食糧之一，尤其在亞洲，稻米消費量占全世界的百分之九十以上。中國是水稻的故鄉之一，早在六千九百多年前就開始了水稻生產。蘇聯遺傳學家瓦維洛夫說：「人們認爲這（中國）是栽培植物最早和最大的獨立起源中心……。」自從水稻在這一古老的起源中心誕生後，便伴隨著它的栽培技術，在世界廣泛傳播。大約在三千多年前的周代，通過「封箕子於朝鮮」和「越裳氏重澤來朝」的關係，中國水稻開始北傳朝鮮，南傳越南，同時，稻作技術傳入菲律賓和印尼。大約二千年前的漢代，中國的粳稻東傳日本。約在公元前十世紀，水稻由伊朗、巴比倫傳入非洲和歐洲，之後，再由非洲傳入美洲以至全世界。

儘管有人認爲水稻的起源地有中國、印尼和印度等三個，但印度在公元前一五〇〇年才有關於稻穀的記載，栽培水稻的歷史比中國晚了三千多年；印尼大約在公元前一〇八四年才開始在爪哇種稻，這比中國晚近四千年，因此中國是最古老的水稻起源的中心，早已爲世界水稻生產作出了巨大貢獻。

27.漢代食品與「湘菜」

馬王堆漢墓中有大量隨葬食品。一號墓四十八個竹笥中有三十個盛有食品，三號墓盛食品的竹笥有四十個，笥中除了糧食外有不少肉類，肉已腐爛，但動物學家鑑定出這些肉屬獸類的有黃牛、綿羊、狗、豬、馬、兔和梅花鹿。屬禽類的有雞、野雞、野鴨、雁、鷓鴣、鵪鶉、鶴、天鵝、斑鳩、鷸、鴛鴦、竹雞、火斑雞、鴞、喜鵲、麻雀等，屬魚類的有鯉魚、鯽魚、鱤魚、刺鯿魚、銀鯝魚和鱖魚等。有一個竹笥裡整整齊齊地放著兩隻華南兔，另一個竹笥裡層層疊疊地堆放著數十隻鵪鶉和竹雞。有些小魚用文火烤焙後，拿竹簽串著，放在竹笥裡。一號墓有一笥雞蛋，蛋黃蛋白已乾得像紙片。

這些食物全是經過烹調後隨葬的。一號墓遣策上記有三十種肴饌和食品，光肉羹一項就有五大類、二十四個品種，如牛首酻（讀古，是酸味湯菜）羹、羊酻羹、狗酻羹、豕酻羹、雞酻羹等，以上爲濃湯九種。凡清燉的湯叫白羹，如牛白羹、鹿肉芋白羹、鹿肉鮑魚（腌魚）筍白羹、雞白羹、鮮鱯、（鱖）、禺（藕）鮑白羹等七種。用芹菜燒的肉湯叫巾羹，共三種，狗巾（芹）羹、雁巾羹、鯽藕肉巾羹等。用蒿燒的肉羹叫逄羹，也有三種：牛逄羹、牛封（蔓菁）羹、牛苦羹。還有狗苦羹、牛苦羹，是用苦菜燒的肉羹。

除肉羹外還有七十二種食物，如「魚膚」是從生魚腹上剖取的肉，「牛膾」是牛肉切成的細絲，「濯雞」是把雞放在肉菜湯中再加工，還有乾煎兎、清蒸子雞等等。

人們從宋玉的〈招魂〉、〈大招〉中，研究出戰國時期楚地的烹調方法有燒、烤、燜、煎、煮、蒸、燉、醋烹、鹵、醬等十種，其所有原料多爲甲魚、烏龜、野雞、大雁等本地特產，當時已形成了酸、鹹、甜、苦、辣等特色。根據馬王堆漢墓出土的實物和文字記載，烹調方法又有了發展，至少已有羹、炙、煎、熬、蒸、濯、膾、脯、臘、炮、濯、魫、醢、䱜、苴等十六種。烹調時用的調料有鹽、醬、豉、曲、糖、蜜、韭、梅、桔皮、花椒、茱萸等。

在歐洲有人稱我國爲「烹調王國」。的確，我國是當今三大烹調國之一(另外是土耳其、法國)，而湘菜又是全國八大菜系之一。從上述可以看到，湘菜的歷史源遠流長，如今湘菜在採用原料和佐料上都具地方風味，常利用本地的土特產如甲魚、烏龜、泥鰍、黃鱔、銀魚、鱖魚、野鴨、螺絲、牛蹄筋等作原料，佐料則喜用青紅辣椒、五香粉、葱、薑、醋和黑豆豉等，烹調方法則以蒸、煨、煎、炒、燒、臘等見長，具有酸、辣、麻焦、香等多種風味，並講究色、香、味、形。據統計，湘菜已有四千多個品種，其中名菜有三百多樣，如原汁煨整鮑、奶湯蹄筋、麻辣子雞、髮絲牛百頁、冰糖蓮子、荷花冬筍、蓮花雞翅等等。由於繼承了秦漢傳統，頗受歐美人士的歡迎。

28.西漢古酒與酒文化

現在我想來談——酒的問題，自古以來，酒與人類的關係十分密切，國內國外皆然。

一號墓的竹簡上記載有四種酒，如一〇八號簡上說：「白酒二資」、一〇九號簡說：「溫酒二資」、一一〇號簡載：「肋酒二資」、一一一號簡載：「米酒二資」。資是指陶罐，也就是說，這裡有八罐是酒，並有四個品種。什麼是白酒？《禮記·內則》上說：「酒，淸白。」又見《一切經音義》九引《通俗文》說：「白酒曰醝。」溫酒，《說文·酉部》載：「醞，釀也。」《一切經音義》九引《三蒼》說：「米麴所作曰釀。」肋酒，根據多方面的考證和分析，是指過濾後的淸酒，一一一號簡說：「米酒二資」。米酒相當於今日之米酒，也叫甜酒。

一些化學專家在棺內水中發現有乙醇的成份，再說漆壺、漆鈁和卮杯、耳杯等又都是盛酒和飲酒的器具，作爲丞相之家，一日三餐自然是離不開酒的。

現在我想就這 個問題來介紹 下我國釀酒的歷史與飲酒的習俗。因爲正如《中華酒典》所說，酒是一種奇特的食品。千百年來，還沒有那一種食品像它這樣令人驚奇，令人陶醉。中國是酒的故鄉。相傳早在「三皇五帝」時期，我們的先人即已造酒，先由藥用而成爲世界性飲料，距今已有四、五千年的歷史。酒的發明、發展和利用，是中國對人類的一大貢獻。

酒不僅與人們的物質生活相關，而且融注於精神生活之中。酒文化已成爲我國傳統文化的重要組成部分。酒融詩詞歌賦、繪畫書法、歌舞戲劇等藝術於一體，集政治、經濟、哲學、民俗、禮儀、醫學、食品、青銅器、陶瓷等方面爲一堂，綜合體現了悠久燦爛的東方文明。

關於酒的起源，史書多有記載，如《史記・殷本紀》中即有紂王「以酒爲池，懸肉爲林」、「爲長夜之飲」之記述。《詩經》中說：「十月獲稻，爲此春酒」和「爲此春酒，以介眉壽」等，都表明酒之問世已有五千年的歷史了。據考古學證明，在新石器時代出土的陶器中，已有許多屬於酒器，這說明釀酒在原始社會即已盛行。在已發現的殷商青銅器中，酒器即占有很大比重。可見當時飲酒之風很盛。

關於釀酒的歷史，有一種說法，遠在農業興起之前，古人即利用野果和蜜釀酒，因其含有發酵性的糖分，接觸了空氣中的酶菌和酵母，就會發酵成酒。所以唐《新修本草》上說：「作酒醴以麯爲，而蒲桃、蜜獨不用麯。」因爲引起原始人類極大興趣，即有意識地利用野果去造酒。《清稗類鈔・粵西偶記》中說：「粵西平樂（廣西桂江中游）等府，山中多猿，善採百花釀酒。樵子入山，得其巢穴者，其酒多至數石。飲之，香美異常，名曰猿酒。」依此判斷，原始人利用野果釀酒就不無根據了。

進入農業社會，穀物貯存條件差，發霉穀物形成天然的麯櫱，遇水後發酵成酒，它啓迪人們以櫱釀酒。考古工作者

在商代遺址中已發現有釀酒作坊，至於專用酒器，如釀酒的罍，盛酒的尊、壺、卣，溫酒的盉、斝，飲酒的爵、觚、觶等已數量衆多。周時設有「酒正」、「漿人」等管釀造的酒官。《禮記・月令》說：造酒用煮熟的穀物，投麴須掌握時機，器皿要優良清潔，水質要好，火候適宜。這是世界上最早的釀酒工藝規程，至今仍然寶貴。

春秋戰國時，祭祀、盟會、慶祝勝利、接待使者均已離不開酒。一九七四年在河北發掘的中山王墓裡，發現有古酒兩種，一種是翠綠色，一種是黛綠色，密閉於青銅器中，打開時仍有酒香，化學分析有乙醇、醣、脂肪等十多種成份，這是世界上最古老的陳釀美酒，也是當時釀酒技術高度發展的實物例證。

秦漢以來，用以製麴的原料有大麥、小麥、稻米、高粱和小米，因此酒的品種增多。有廉價的「行酒」，有「少麴多米，一宿而熟」的「甘酒」，有白酒、紅酒和發酵期長而酒味醇厚的「清酒」。清酒中的「中山冬釀」還是漢晉時代的名酒。可見一號墓發現的四種酒的名稱，由此可以得到印證。

歷來，我國的詩與酒是交織在一起的，故歷代酒詩甚多。今摘漢詩兩首如下：

漢代無名氏的〈別詩〉：

「遠望悲風至，對酒不能酬。行人懷往路，何以慰我愁？獨有盈觴酒，與子結綢繆。」

東漢人，辛延年的〈羽林郎〉：

「昔有霍家奴，姓馮名子都。依倚將軍勢，調笑酒家胡。胡姬年十五，春日獨當壚。……就我求清酒，絲繩提玉壺。」

29. 能食能醫讚豆豉

楚國詩人宋玉在《楚辭・招魂》中說:「大苦鹹酸。」對於《楚辭》很有研究的東漢時期的文學家王逸認爲:「大苦」就是「豆豉」。關於「豆豉」,《本草綱目》一書也有記載曰:「豉味苦。」由上述可以看到,「豆豉」的產生可以追溯到春秋戰國時期。但眞正看到實物的還是在馬王堆一號漢墓發掘之後。一號漢墓的南槨箱內有一個印紋硬陶帶耳罐,初看像個壺,寬肩、長頸,底上帶圈足,肩部拍印席紋,腹部印斜方格紋,肩下還有兩個獸形耳,表面上的釉爲黃褐色。此罐高三十八厘米,腹徑三十厘米,口大十九厘米。出土時,罐口由草和泥塡塞,方法是把草的下部捆紮塡塞罐口,再用泥糊封,此一方法與湖南鄉間目前製醬和做泡菜的作法十分相似。最重要的是,打開草塞後,發現罐內裝的是豆豉薑,即豆豉和切碎的薑片合在一起,這正是長沙國丞相夫人生前所用的調料,這可是一個重要的發現。因爲至今湖南產的豆豉仍聞名國內外。

豆豉是用泥豆或小黑豆當原料,然後經過揀選、蒸煮、乾燥等二序發酵製成。豆豉的成品呈醬紅色或黑褐色,營養豐富,味道很鮮,具有一種特殊的香味,這是湖南人最喜愛的調味品之一。

湖南豆豉，尤其是瀏陽豆豉之所以暢銷不衰，據說是清嘉慶元年(一七九六年)，長沙最早的副食品加工作坊——戴同興醬園就大量生產豆豉了，此後瀏陽李屢中堂生產的「窠心豆豉」，由於發酵嚴密，工藝考究，很受群衆喜愛。咸豐初年，湖南巡撫駱秉章選用此種豆豉作爲皇家貢品後，即身價百倍，美名遠揚，當時的商標定名爲「一品香」。

一九四九年後，各加工廠爭相改造工藝過程，因此使產量、質量大增，首先是益陽縣大渡口醬廠改陽光曝曬爲蒸汽烘房烘烤豆豉技術，三十個小時即可烘乾豆豉一噸，將工效提高了百分之五十；接著瀏陽醬菜加工廠建成了隧道式蒸汽加工及循環式乾燥房，使手工業式的操作大大改進，結果使瀏陽縣由一九四九年年產豆豉八百五十噸，一下提高到年產豆豉二千噸左右，該縣醬粉廠生產的豆豉，曾獲得優質產品稱號。

目前湖南產的豆豉不僅受到本省人民的喜愛，每年還大量銷往外省和外國，如國內銷往江西、湖北、福建、山東、上海、廣州和天津等地。在國外如日本、東南亞地區也很暢銷。

上海《新民晚報》曾報導，吃豆豉還能防治老年癡呆症，此種病主要是腦血栓造成的，根據日本宮崎大學生理學研究部門的科研報告說，他們曾分析過一百七十多種食品，只有豆豉中含有大量能溶解血栓的尿激酶。日本農學博士近藤弘氏認爲豆豉中所含有的細菌還能產生大量的B組織元素和抗菌素，具有重要的藥用價值。

上述事實告訴我們，豆豉，這是老祖宗留給我們的又一份遺產。

30.一鼎藕片斷地震

地震，平常也稱地動，這是經常發生的一種自然現象。據有關部門統計，全世界每年要發生五百萬次左右，平均每隔幾秒鐘就有一次，其中人們能感受到的只占總數的百分之一。其餘的只有儀器才能測出來，強烈的破壞性的大地震全世界平均每年僅有十幾次。

地球從外向裡分爲地殼、地幔和地核三層，破壞性的地震往往發生在地殼部位。原因是地球不停地運轉，而內部各種物質也不停地運動，致使內部產生一種力量，此種力量往往在地殼兩組構造帶的交匯處或轉折處集中，當力蓄積到大於岩石的抵抗能力時，即使岩石塊體發生猛烈錯動，立即引起地表土層或岩石發生強烈震動，這就是地震。百分之九十多的地震均屬於此類，另外還有火山爆發引起的火山地震、地下溶洞坍塌引起的陷落地震，但爲數很少。

世界各國一般把地震的「烈度」分作十二度。三度以下無感覺，四、五度時吊著的電燈會晃動，六、七度時房屋會受到損壞，八、九度時，房屋會倒塌，地面會出現裂縫或山體滑坡等，十度以上，就會山崩地裂。

我們爲什麼在這裡要講述地震的常識呢？因爲它和馬王

堆漢墓也有著聯繫。

一九七二年五月中旬，每天有數千人包圍了馬王堆漢墓發掘工地，這一種無法阻擋的人潮逼得我們只好像蝙蝠一樣，「晝伏夜行」。某夜，在清理一號墓的東槨箱時，發現一個雲紋漆鼎，色彩絢麗，打開蓋子一看，下面是水，上面漂浮一層切成片片的蓮藕，「唉呀！這是兩千年的藕片！」不少人驚叫起來，王孖先生輕輕端起放在地上，部分藕片立即消融，他拿相機拍了照片，立即放在車上送到館內，此時已變成了一鍋湯，曾親眼目睹此一發現的新華社記者何其烈，把發現二千年前的藕片寫成消息送到北京，幾天之內即傳到中央各部門，於是國家地震局立即派專家來到了長沙。

同年的六月上旬，每天有數萬人包圍湖南博物館要求參觀「馬王堆老太太」，電話不停地響，介紹信一張接一張的往我手上遞，其中有一份就是國家地震局，來人有兩個，主要負責的是一位四十歲左右的女士，她說：「我們正在繪製地震普查圖，聽說馬王堆發現了二千年前的藕片，局長讓我們前來考查。」我當時怎麼也沒想到這藕片和地震會有什麼關係，即不假思索地說：「你們是不是也想看看老太太，如果要看我可帶你們去，至於藕片早就變成湯了。」來人趕忙說，這是邢臺地震後國家給的任務。她們說明，二千年來，藕片泡在水中，其纖維組織早已溶化，出土時看到的僅僅是其外形，至於出土後的消失一是由於震動，二是由於氧化，如果不是長沙地區地殼穩定，恐怕藕片早已消失了。我聽了覺得意義重大，立即派人協助她們看了盛藕片的漆器並詳細介紹了情況，然後一同到長沙地震臺查閱了歷史資料，其結果是從公元四七七年到一九七二年，長沙地區有文字記載的地震共二十一次，其中四級以下的二十次，只有一次是五級。

《湖南省志》上的記載是：

時　　間	發震年數	發震次數	其中大於或等於3½級
東漢～元末 (共1300年)	5	5	5
明代 (共276年)	66	76	26
清代 (共267年)	76	88	24
1914～1972 (共57年)	30	57	5

這些歷史數據告訴我們，長沙地區二千多年來很少發生大的地震，否則這些藕片就不能留存到今天了。從《湖南省志》的記載說明，從東漢末到一九七二年，湖南地震二百二十六次，其中三又二分之一以上的六十次，具有破壞性的地震（大於四又四分之三級）僅有九次。湖南省地震隊成立於一九七一年，據他們後來介紹，十年中記錄到震央位於湖南省境內的二級以上的地震僅十二次，由此足證湖南是一個弱震和少震區。

地震局的專家說，這些藕片可以證明長沙地區的地殼是穩定的，今後蓋高樓修水壩就可以放心了，我們的同志說，那我們要立即去報告長沙市市長。

可事隔不久，雲南省一個地方發生了六點九級地震，接

著長沙地震臺報告說，長沙地區即將發生地震，震央就在市北四十公里的汨羅，於是動員全市各單位晝夜值班，據說湖南醫學院把學生分配到每個病床，要隨時向外搶運病人。這一下，我們可犯愁了，因爲周恩來先生曾指示：「馬王堆女屍最好能保存二百年，讓後代人也能看看。」可是這女屍放到那裡去呢？如果損壞又如何向上級交待呢？但是反過來一想，國家地震局的專家不是剛剛作了結論：「長沙地區二千年沒有發生重大地震。」爲什麼今天突然會發生大地震呢？是否地震臺因雲南地震的消息而引起錯覺呢？後來決定不去理睬它，結果我們全館人員睡了三天安穩覺，什麼事情也沒有發生，就這一事件，再次證明了這些藕片的歷史科學價值。

31.「梢」與茶史及茶俗

湖南省考古研究所研究員周世榮曾對長沙馬王堆漢墓簡文的「梢」字進行了深入考證，認爲「梢」就是「檟」，這就是本文要敍述的出發點。

馬王堆一、三號墓出土的「遣策」（竹簡）中均有「梢一笥」的記載，其中三號墓一竹笥上，還繫有「梢笥」木牌一個。對這一古字的認識，費了不少周折，也引出了幾種不同的看法。周先生認爲古陶文的「賈」作「貢」、古體印中作「貼」。《集韻》中說：「貼作賈」，根據這一分析，「肖」與「貢」或「貼」，都是「賈」的異體字，因此從「木」從「肖」的「梢」，應釋爲「檟」。

檟就是茶樹。茶古代寫作「荼」。《爾雅·釋木》說：「檟，苦荼」。唐代陸羽在《茶經・一之源》中說：

「其名一曰茶、二曰檟、三曰蔎、四曰茗、五曰荈。」

可見「梢」就是指茶樹而言。

古代認爲茶葉可作羹飲，馬王堆漢墓出土的簡文中，多次提到「苦羹」，如寫著「牛苦羹一鼎」、「狗苦羹一鼎」等等，苦羹就是用苦茶煮成的肉羹。

一九五四年在長沙魏家大堆四號西漢墓（公元前一六〇年左右）中，出土有石質「茶陵」官印一方。《湖南省通志》載：

「茶陵以地居茶山之陽因名，昔炎帝（神農氏）葬於茶山之野……其陵谷間多生茶茗焉。」

按地名學分析，茶陵即以產茶而著名，由此可見茶陵在西漢時代已種植茶樹了。

三號墓出土的《五十二病方》中，提到的藥物劑型，有湯、散、酒、丸、茶劑。可見秦漢時期，荊楚地區的人民已經把茶葉列入常用藥物了。

據王威廉先生考證，檟是指上古時期的「苦荼」，茶樹分作灌木型和喬木型兩種，而檟屬後者，古時雲南一帶曾廣泛分布，湘南之江華縣一帶也有。

茶是我國人民對人類的又一貢獻，如上所述，古代對茶的稱呼很多，到唐開元間（公元八世紀），才由「荼」字簡化爲「茶」。

自古即有「神農嘗百草，日遇七十二毒，得茶而解之」的傳說。陸羽在所著世界上第一部茶葉專著《茶經》中說：

「茶者南方之嘉木也，一尺、二尺乃至數十尺，其巴山、川峽有兩人合抱者。」

據現代植物學考察，雲、貴、川一帶古老的茶區中，仍有高達數十米的野生大茶樹，而且世界上茶科植物絕大部分分布於雲貴高原邊界山區等地，可見茶即起源於此，後來由於種種原因，分化成不同的種類，如由喬木變灌木，由大葉變小葉等等。

茶最早除藥用外也作祭品和朝貢品，從馬王堆漢墓的發現看來，漢代富貴人家已有了飲茶習慣。由於對茶的需要增加，就促進了茶的栽培和傳播。遠在秦代，茶由四川傳入陝、甘、豫等地，道教、佛教提倡飲茶，因此在天台山、峨嵋山、廬山等寺廟周圍，早已栽茶，到南北朝時，茶樹栽培傳到長江中下游及嶺南等地，唐代中葉，飲茶之風遍及南北，當時有三十三個州植茶，到了宋代已有六十六州、二百四十二個縣產茶，年產已達二十萬擔。

隋文帝開皇年間，中國飲茶的風俗隨佛教傳入日本。唐德宗貞元二十一年（八〇五年），日本最澄禪師來浙江學佛，携茶子種於滋賀縣今他上茶園。公元八二八年，朝鮮使者金大廉帶回茶種子種於智異山下的華岩寺周圍。非洲在十九世紀開始種茶，歐洲於十七世紀即買中國的茶葉，俄國於一八八三年大面積種茶，目前，世界產茶國已有五十多個，茶已成爲許多國家人民日常生活中不可缺少的飲料。

茶之所以能風靡全球，是有其原因的，因茶含有五百餘種化學物質，主要有機成份爲茶多酚百分之二十～三十五、咖啡鹼百分之二～三、蛋白質百分之二十～三十、醣類百分之二十～二十五、脂類物質約百分之八；此外還有少量氨基酸、芳香物質、多種維生素和有機酸等。無機成份中含量最多的是磷、鉀，其次是鈣、鎂、鐵、錳、鋁、硫；另含有鋅、銅、氟、鉬等微量成份。茶葉兼有藥理和營養價值。咖啡鹼能興奮中樞神經，消除疲勞；又能刺激胃液分泌，幫助消化，還能強心利尿，醒酒解毒。茶多酚可增強微血管的韌性，可防止中性脂肪和膽固醇的積累，抑制動脈硬化，並有殺菌消

炎抗輻射損傷的作用。所含蛋白質、氨基酸、醣類、脂肪、礦物質，尤其是維生素B、C、E、K等均有營養價值。綠茶和烏龍茶的營養價值高於紅茶，每一百克綠茶（乾茶）中含維生素C一百八十毫克左右。銅、鐵等礦物質元素有助於造血，而氟元素對預防齲齒效果明顯。

我國茶的產區主要有四個，即江南茶區，包括浙、贛、湘、皖南、蘇南、鄂西等，此爲主要產區，以產紅、綠茶爲主，著名者有西湖龍井、黃山毛峰、君山銀針、廬山雲霧、顧渚紫筍、太平猴魁、洞庭碧螺春等；江北茶區，包括甘南、陝南、鄂北、豫南、皖北、蘇北等地。主要產綠茶，名茶爲六安瓜片、信陽毛尖、舒城蘭花茶、霍山黃大茶等；華南茶區，包括兩廣、福建、臺灣等地，主要產紅碎茶、烏龍茶等，名茶爲武夷岩茶、安溪鐵觀音、英德紅茶、廣西六堡茶等；西南茶區，即雲、貴、川三省，主要產紅茶和各種壓製茶（如沱茶、普洱方茶、餅茶）等，其中「滇紅」和普洱茶在國際上享有盛譽。

飲茶法歷代各異，如漢至六朝時期，人們將茶葉、葱、薑等物混煮後飲用；唐朝有庵茶法，將茶葉切碎、煎炙、舂搗，再沖以開水。此時的功夫茶是用葱、薑、棗、桔皮、茱萸、薄荷及茶葉混煮而成。宋代有點茶法，即將茶團碾磨成末，篩選後，再用開水沖點；元人曾在茶葉中加上核桃、松子、芝蔴、杏仁、板栗等製作「點心」，也用酥油乳酪調製茶湯，至今仍爲蒙藏人民所喜愛。明代用泡茶法，此時對茶量、水溫、火候、茶具等十分講究；清代飲茶注重茶壺的質量，故對能發揮茶的色、香、味的宜興紫砂壺最爲推崇，此時也盛行「蓋碗茶」。

可喜的是湖南桃源縣至今盛行喝「擂茶」。即將炒熟的米、薑、芝蔴、茶葉放在擂缽中，用山楂木作成的杵搗製成漿，俗稱「腳子」。吃時，放「腳子」於碗中，用少許冷水化開，再用開水沖，其味辣、香、鹹，深受人們歡迎。

關於擂茶的來源，據民間傳說，漢朝的馬援將軍路過此地，突遇瘟疫盛行，士兵大多病倒，延醫無效，某日山村來一老婦，自稱能治此病，馬援甚喜，即派六十名士兵由她調遣，她令士兵分別去購茶、挖薑、碾米、砍柴、製山楂木杵，然後搗製「擂茶」，之後令病人各服一碗「三生湯」(擂茶別名)，次日皆癒，從此擂茶即流傳至今。

茶與民俗也密切相關，如湖南衡陽地區即有喝「新婚含合茶」的習俗。人們要新娘新郎對面坐定，將女左腳放男右大腿上，再將男左腳放女右大腿上，令雙方各以右手姆指食指分開合成一個井字形，中置茶碗，使賀喜的人每人俯首喝上一口。其寓意除夫妻雙雙向來賓敬茶外，還象徵著夫妻共植茶樹，來年開花結果、生兒育女。

我在香港茶具文物館看到幾句說明:「茶澆灌了中國數千年的歷史文化，滲透了中國人民每一生活環節。茶除用以日常飲用以解渴消閒外，也有用以祀祖、婚聘、奉客等禮儀中，可見茶實在是深深地交融在中國人的血脈情懷之內。」茶對於我們民族的密切關係即由此可見。

肆　起居篇

燻爐罩

32.琳琅滿目的漢代漆器

出土大量成套的漆器，是馬王堆漢墓的又一特色。一號墓有漆器一百八十四件，三號墓有三百一十六件，合在一起，正好五百件。

這些種類繁多、形狀各異的漆器，工藝精巧，多彩多姿，確是古代漆繪和漆雕工藝品中的燦爛花朵。我國古代勞動人民有許多發明創造，對人類文化做出過重要貢獻，漆器即為其中之一，它是古代人民在化學技術和工藝美術方面的重要發明。根據考古發掘，我國生產漆器已有四千多年的歷史，現在我國生產的漆器，在國際上仍享有盛譽，而馬王堆漢墓出土的漆器堪稱漢代漆器的傑作。

在漢墓出土的文物中，有盛放食物的鼎、奩、盤；有裝酒或盛肉羹的鍾、壺、鈁；有喝酒或喝湯的耳杯、卮杯；有舀取食物的勺、匕；有盥洗用的盆、匜和沐盤；有盛托食具的平盤和案；有放置各色各樣梳理和化妝用具的多子奩盒；有娛樂用的博具；有日常生活用具和擺設如屏風和几等，還有專用以掛放武器的兵器架，各樣器形達二十種以上，眞是應有盡有，琳琅滿目。

這些漆器有很多特點，一是「嶄新」，剛出土時光彩奪目，不知眞象的人眞以爲是加過工的。一九七二年柬埔寨首相賓努親王來參觀，看到這光彩奪目的漆器時曾問我：「這是兩千多年前的東西嗎?」我答：「是的。」又問：「是不是在外面塗了什麼東西?」我答：「沒有。」不料在參觀即將結束時，賓努非常嚴肅地說：「你們到底塗了什麼東西?」這時，我只好把歷史文物必須保持原貌的道理講了一通，他聽後點頭表示理解。這個墓的另一個特點是使用了成組的漆禮器，如鼎、盒、鍾、鈁、盤、匜等，這是過去所少見的。什麼叫禮器？禮器

雲紋漆匜

區別於日常生活用具，它是宴請賓客或祭祀神靈時專用的器具。我們現代人家也常常有一套好的餐具，專用於喜慶活動和節假日，與禮器的意義相同。

關於鼎我想多說幾句。商朝時期，鼎曾被奴隸主貴族用來「別上下，明貴賤」，成爲標誌統治權力和等級的一種器物。所以古書上記載用鼎分爲九、七、五、三等四個級別，即「天子九鼎，諸侯七，大夫五，士三」。一號墓的竹簡上記有七鼎。這說明軑侯家的政治地位是很高的。

33. 漆器製作源遠流長

我國關於漆的記載，最早見於《韓非子》一書。當時漆製的用具屬上等奢侈品，只有諸侯一級才用得上。到戰國時，漆樹栽培有了大規模發展，政府於是設專職官員加以管理。歷史上著名的莊子，就一度當過「漆園吏」。民間產漆，政府要徵四分之一的賦稅。

漆樹所產的漆叫大漆，是漆樹的生理分泌物，主要成份爲漆醇，未經脫水處理者叫生漆，經脫水後成粘稠狀流體者稱熟漆。漆具有耐酸、耐鹼、耐熱、防腐和絕緣等特性，把漆塗在器物的表面後，由於漆酶和加熱的作用，漆醇發生化學反應，即在器物表面形成一層薄膜。如在漆液中加入各種顏料或染料，就會形成彩色漆層。把漆液用作塗料，所依據的化學原理直到本世紀才弄明白，而我國古代人對漆膜的特徵和成熟的條件，却早已認識。在製作漆器時，常常摻入桐油等乾性植物油，在製作彩繪漆器時，則用桐油和各種顏料混成油彩，加繪各種花紋圖案。隨著歷史的積累，我國形成了具有濃厚的民族風格的漆器工藝。

人們不禁要問，中國地域遼闊，哪些地方產漆呢？古代漆主要產於陝西、河南、安徽、湖南、湖北、浙江、四川、雲南和貴州等地區。至於湖南又集中在湘西一帶，目前龍山、花垣、鳳凰等地仍然產漆。

據考古發掘可知，遠在七千年前，浙江餘姚河姆渡遺址的先民們即已在木碗上塗紅色塗料。商周時代的漆器已有大批出土，一九五〇年在安陽武官村發現了很多雕花木器的朱漆印痕。春秋戰國以後，那些皇家貴族們幻想死後到另一世界繼續享受人世間的奢侈生活，因而實行厚葬，很多漆器就這樣被大批埋入墓中。所以長沙、信陽和江陵的楚國墓葬以及聞名於世的湖北隨縣曾侯乙墓葬中都出土了不少漆器。漢代的漆器以馬王堆最具代表性，山西大同石家寨北魏司馬金龍墓出土的漆畫屏，充滿歷史風情，也是全國聞名的文物。

自馬王堆漢墓出土以來，人們經常提出一個問題，這麼好的漆器是長沙本地製造的？還是從外地購來的？考古工作者研究發現，這些漆器上的烙印或戳記共有一百多處，凡戳記都是在素胎上先烙印後塗漆，所以字跡常模糊不清，把烙印和戳記對照，可以看出「成市草」、「成市飽」、「中鄉飽」、「南鄉□」等字樣，戳印主要是標明漆器產地和生產作坊的，我國古籍中常以「草」代「造」，「飽」是「𩚬」的假借字，這是就上漆的器物而言。「成市」一般認爲是成都市，因爲漢代成都是著名的官府漆器產地。三號墓的木牘上有「蜀鼎六」的字樣。因此可以說有不少漆器是成都官府作坊製造的。湖北江陵漢墓中也出土了一批造型和紋飾與馬王堆的漆器很接近的漆器，上面也有「成市飽」、「成市草」等戳記。這一切都證明漢初蜀郡漆器手工業規模大、產量多、銷路廣。但兩具彩繪漆棺，從繪畫題材到藝術風格，都與長沙歷年出土的楚漆器一脈相承，這說明，當時長沙也是有漆器出產的。

雲紋漆鈁

雲獸紋漆卮　　錐畫漆卮

雲紋漆盒

點紋漆盂

34.多姿多彩的漆器裝飾

這數百件漢代漆器，具有多種多樣的裝飾方法，它的彩色漆繪和花紋，爭奇鬥妍，各具特色。漆繪的方法有兩種，一種是將顏料調入漆中，形成彩漆，用彩漆繪畫出的花紋圖案，色彩明亮不易脫落；另一種是用朱砂、石綠、石青、白粉等礦物粉狀顏料調上桐油，繪畫在已塗漆的器物上，其色彩有紅、黃、白、金、灰、綠等，這種漆畫稱作油彩畫，其金色可能是用黃銅粉爲顏料，因此變爲了孔雀藍色。油彩畫本來是鮮艷奪目的，但油脂年久會變質，顏色易變並脫落。在一批油彩漆器中，還發現了兩種特殊工藝，一種是用漆槍擠出白色凸線勾邊，再用黃、綠、紅等色勾填花紋，用此種工藝製作的漆器，極爲華麗美觀，和後代用在建築上的瀝粉裝飾法很相似。再一種是立體感很強的堆漆，簡直可以說是淺浮雕。還有一種裝飾法，過去我們稱爲「針刻」紋，但墓中竹簡上寫的是「錐畫」，方法是在半乾的漆胎上，用針或錐尖鐫刻。此種花紋細如游絲，顯得特別精巧纖麗。

漆器上的紋飾，用筆變化多端，畫法大體可以分作順筆、倒筆、轉折停頓筆和甩筆等四種。繪畫時要求緊握筆管，讓手力貫注於筆尖，提筆中鋒運行，以使各個線條從頭到尾筆力均勻、一絲不苟。所以看上去線條往往宛轉自如、生動流暢。從色彩上看，多以黑色爲底，以紅色、灰綠色或赭色作畫，因此看上去畫地烏黑發亮，紅色的花紋艷麗醒目。

花紋從類型上看，有幾何紋類型和龍鳳雲鳥、花草紋類型，前者又分方連變體花紋、鳥頭型圖案、幾何雲紋、環紋、渦紋、點紋、波折紋等，後者包括雲龍紋、雲鳳紋、雲獸紋、雲氣紋、龍紋、鳳紋等等。光雲紋就有十多種變化，龍鳳紋中，有的畫得很逼眞，如鳳凰回頭顧盼、蒼龍騰空而起，神態各異；有的則接近於圖案化，比如鳳凰突出其頭部和長尾，龍則突出其卷曲的鬚角及剛勁的利爪。另一種是寫生的人和動物，描繪的主要對象是人、神怪、貓、犬、龜、鹿、魚、鳥、鼠、蛙等等。

爲了進一步介紹漆器的工藝水平，特舉兩例：

三號墓出土有錐畫狩獵紋漆奩，上面的花紋線條比頭髮絲還細，必須在明亮的燈光下才能看清。古代有個故事說，

錐畫紋漆奩

周王要人爲他畫畫，結果畫了三年，拿來後，周王看不見，畫工要他在牆上挖一小洞，將畫放置其中，等太陽升起時再去看。周王如法去做，果見其像，對此畫非常讚賞。這種畫很可能就是錐畫。漆奩的蓋上底部錐畫著撒腿奔跑的小兎、潛水游動的魚群、展翅飛翔的小鳥、匍匐在地的小耗子等。

狩獵的畫面占據主要位置，畫得極其生動，獵人手執長矛追逐兩頭奔鹿，有一頭騰空跳躍，神態逼眞。

三號墓中有六個雲紋大漆盤，確是個個精美，漆盤上的花紋，主要是雲龍紋。龍身布滿用旋渦紋組成的鱗片、鬚角和龍爪，全用筆鋒的甩勁作畫，尤如鋼針一樣堅實有力，非常巧妙地表現了龍的飛動和強勁。

雲龍紋漆平盤

(參見彩圖六一)

35.揚威古戰場的弩機

馬王堆三號墓出土一千多件隨葬品中,有三十八件兵器,此中有弩兩件,弩臂是木質上面塗漆,並用細如髮絲的錐畫畫成雲氣紋。弩在弩機的結構上繼承了楚國弩機的槓杆機械原理,並予以改進。戰國弩機沒有銅廓,牙、鉤心、扳機、栓塞等機件都直接安在木臂上,而三號墓的弩有廓。戰國弩長五十一點八厘米,此弩長六十點九厘米和六十八厘米,這樣即增加了彈射力而增大射程。二十四枝箭有角質三棱形簇,全長八十二點四厘米,這比戰國箭也加長了。有木弓、竹弓各二件,長一百四十二厘米和一百四十五點八厘米,比戰國弩弓加寬加厚了。弓弦徑零點五厘米,由四股絲繩絞成。這正是漢朝出現的強弓勁弩。

英國人羅伯特·坦普爾於一九八六年出版的《中國——發現和發明的國度》一書中,介紹了中國的一百個「世界第一」。他認爲歐洲的弩是由中國傳去的。許多史實證明,世界上最早將弩裝備正規軍,用於戰爭中的正是中國。弩的發源很早,因爲我國考古工作者在不少新石器遺址中,發現了一種長六至九厘米的骨片或蚌片,一端有孔,與某些少數民族使用的原始木弩上的扳機十分相似,因此推測是木弩上的機件,《禮

記・緇衣篇》上記載了商代太甲在文誥中提到用弩的事，這是公元前十五世紀的事。《吳越春秋》上說，越王句踐曾向楚人陳音問策，陳說：「弩生於弓，弓生於彈，彈生於孝正」，因此有人認爲弩是楚國發明的，但是最早的銅弩機件發現於山東曲阜魯城三號和五十二號墓中，因此上述推測可能有誤。

長沙掃把塘一三八號戰國墓出土的木質弩臂，塗黑褐色漆，長五十一點八厘米，弩機爲銅質，包括望山、鈎心、懸刀等。用栓塞把它們組合在弩臂後部挖出的槽內。弩弓爲竹質，爲一百二十至一百三十厘米長。箭爲竹杆鐵鏈銅簇。使用時，手拉望山，牙即上升，鈎心被帶起，其下齒卡住懸刀的缺口，使弩機呈閉鎖狀，以牙扣弓弦，將箭置於弩臂上的矢道內，使箭括頂在兩牙之間的弦上。發射時，扳動懸刀，牙即下縮，箭即隨弦的回彈而射出，這叫臂張弩，其有效射程爲八十米左右。後來弩弓加硬，即將弩豎立地上，用雙足踏住弩弓中部，用手向上拉弦張弓，射程加大二至三倍，這叫蹶張弓，出現於戰國晚期。

到漢代又發明了腰引弩，施放時，弩手坐在地上，兩足向前蹬弓，腰間圍繩鉤弦張弓，因此射擊力更爲增強。《晉書・馬隆傳》說，腰引弩的強度爲三十六鈞（約合九石）。

之後又發明床弩，床弩是將弓裝在弩床（發射臺）上，絞動後部的輪軸，利用輪與軸的半徑差產生強力以張弦。床弩上多裝硬弓。《論衡》中說：「車張十石之弩。」三國時有千鈞之弩，約合七百五十公斤，這可能是多人操縱的床弩。宋代《武經總要》說，床弩可裝二弓、三弓、四弓的，張弦時絞軸的人數，小型的要五至七人，「八牛弩」要百人以上。瞄準和發射各有專人。箭以木爲杆鐵片爲翎，號稱「一槍三劍箭」。床弩還可射「踏橛箭」，攻城時可以作爲雲梯用。宋代床弩最高射程可達千步，即合一千五百三十五米，這是冷兵器時代，射程最高的紀錄。

公元前九九年，漢將李陵曾率五千步卒出居延北行，與三萬匈奴騎兵猝遇，李陵令「前行持戰盾，後行持弓弩」而擊退敵人。景德元年（公元一〇〇四年），宋軍在澶州（河南濮陽）就是用床子弩射死遼大將蕭撻凜的，因此而媾和。羅伯特·坦普爾說：「公元前二世紀有一道聖旨，禁止中國弩對外出口，公元前一二五年還在邊境設置海關以確保聖旨的執行。但這些措施已爲時太晚，因爲弩已被帶出了中國。」又說：「格柵瞄準器是於公元一世紀在中國發明的。這些格柵瞄準器在世界上是最早的，和現代的照相機和高射炮中用的類似。」

由此可見弩在我國歷史上是大有功績的。

36.透過家具窺「起居」

馬王堆漢墓中出土有幾種家具，即漆案、漆几、漆屏風等。這些家具可以視作我國垂足坐出現之前的低矮型家具體系的代表之一。

一號墓出土漆案二件，南邊箱一個，北邊箱一個。均用斫木胎。器形和花紋都類似。長方形，平底，底部四角附有二厘米高的矮足。案內塗以紅、黑漆地各二組，黑漆地上繪紅色和灰綠色的雲紋，而紅漆地上卻沒有紋飾。內外壁全繪幾何雲紋。底部塗黑漆，用紅漆寫上「軑侯家」三字。其中一個漆案出土時，上放五個小漆盤，一個漆耳杯，二件漆卮。小盤裡面裝著食物，盤上放著一個竹串，耳杯上放竹箸（竹筷）一雙。這正好反映了丞相之家宴飲的情況。此類案一般稱食案，是進食時承置食物的家具。當時的案分爲有足與無足兩種，有足者爲家具類。凡無足者又叫「栤案」，屬食器類，故上述漆案應列入家具類。

一號墓北邊箱出土木胎漆几一件，它由几面、足座、足三部分用透榫接合而成。几面是扁平形的，但中部稍凹，而兩頭又稍窄，有些像梭形。通體塗以黑漆，又用紅色和灰綠色油彩描繪花紋。上下爲雲紋，四足爲幾何紋，因爲製作不夠精緻，故疑爲明器。

三號墓出土一件龍紋漆几。几面也是扁平型的，在光亮的黑漆地上，用紅色、赭色、灰綠色，描繪著乘雲穿霧、張牙舞爪的巨龍。最令人驚奇的是，几下有長短兩對足。短足是固定的，而長足與几面之間用活動木梢聯接，可以轉動，像活動物的關節，想將几面抬高時，將長足豎起來，若要席地而坐時，即將長足收攏，用木栓卡住掛在背面，而使短足著地。調節使用十分方便。當時的矮足几是晏坐休息之用的「凭几」；高足几是擺書置物的「庋物几」。而這一件几，却可以一物兩用，確實是一件構思巧妙而獨具匠心的傑作。

一號墓北邊箱有一件木胎漆屏風，是長方形，下面有足座承托。正面塗紅漆，用淺綠色油彩描繪，中心部畫了一個穀紋璧，周圍繪幾何方連紋，邊緣塗黑漆，用紅色繪菱紋圖案。背面塗黑漆，用紅色、綠色和灰色三種油彩，描繪著雲紋和龍紋，這是一條飛騰的龍，龍身綠色，鱗爪却是紅色，十分醒目。但製作不精，可能也是明器。不過它還是向我們展現了漢代屏蔽類家具的實物模型。

現在再介紹幾件長沙地區出土的春秋時代的家具，以便了解它們之間的承襲關係。

一九七〇年長沙瀏城橋一號墓出土一件春秋晚期的木案。長四十四點七厘米、寬二十七點七厘米、高十二厘米。兩頭各有四個短木柱承托案板，四個木柱插入足之橫木。另一件是木几，通體塗以黑漆。几面是長條形，淺刻雲紋，而兩頭刻獸面紋。几也是梭形，長五十六厘米，中部寬二十三點八厘米，兩頭寬十八點五厘米。下面有柱狀足六根，四根直立承托几面，長三十五點二厘米，下插入方形橫木。另兩

根從橫木兩端交叉於几腹下部，使几足更加平穩。几高四十七厘米，此種結構，十分罕見。再一件是「H」形木几，是用三塊長方形薄板鬥合成H形。塗黑漆，几高三十七點五厘米，長三十六厘米，也呈梭形，故中寬十四點七厘米，兩頭寬十二點二厘米，這是早期的一件木几，很有代表性。

從上述長沙地區不同時代出土的幾件家具看來，不論是器型結構，花紋裝飾，圖案組織來看，風格一脈相承，具有明顯的承襲性。漢代生活方式是席地而坐，因此家具要與之相適應，和前代相仿，家具主要是几案、床榻和屏風等。但漢代的案即在春秋戰國的基礎上，逐步加寬增長，逐步出現了疊式、方型、圓型的家具，以表現其在原有基礎上的發展。

37.竹席與「席地而坐」

能看到兩千年前的竹席，這也是一件稀罕事，從竹席上面，我們又可以窺見古代的起居習俗。

一號漢墓有兩條竹席，一條是捲成筒形放在西邊箱的竹簍上面，保存完好。長二點三五米，寬一點六九米，用人字形編出幾何形花紋，席角上墨寫有「家」字，另外一條鋪在北邊箱的底部，已有些殘破。另外槨的蓋板上蒙著二十六條竹席，大約是長二米寬一米，席角上也有墨寫的「家」字。

此外還有草席（也稱莞席）四條，其中兩條放在西邊箱內，大小基本相同，長二點二米，寬八十二厘米。編織的方

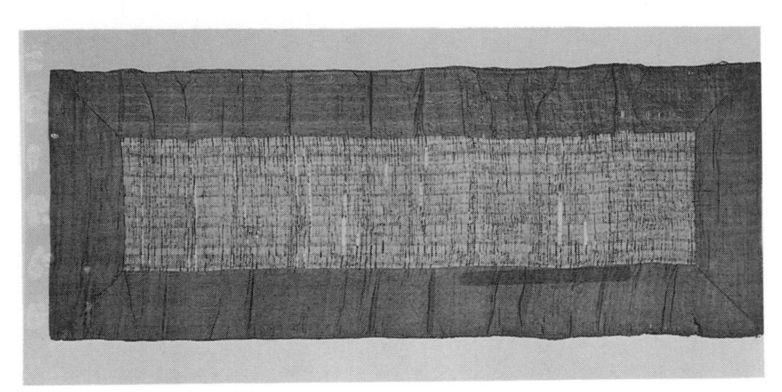

莞席

法和現代草席很類似，即以五十三根麻線爲經，以莞草爲緯。一個包著錦邊，一個包著青絹，都是用絲線縫綴。這兩條草席，在下葬時也是捲成筒形，並用絲線捆住的，所以保存完好。北邊箱和南邊箱還各有一條，但已殘破。

竹席對漢代人來說是很重要的，這從一號墓的北邊箱可窺其一斑。我們在後面將要講到，槨室的結構就像一個地下宮殿，北槨箱就是堂屋，爲墓主人生活起居之地。因此這裡的裝飾和擺設大不相同，比如四個壁上都掛著絲幔，地上鋪著竹席，中部擺著漆鈁、陶壺等盛酒的器具，漆案上有漆卮、耳杯和放食品的小漆盤，好像主人正在進行飲宴。西部有漆几、屏風、繡花枕頭和兩個梳妝盒子，這象徵著貴婦人的臥室。東部有穿著錦繡衣服而造型優美的十個女侍俑，這是墓主人的貼身奴婢。她們面目清秀，神態嫻靜。另外還有四個歌俑、四個舞俑、五個樂俑。舞俑面部豐滿，臉上搽有白粉，說明是化了妝的。頭上梳垂髻。她們穿的衣服是短褂長裙。四個歌俑是席地而坐，兩隻脚彎在後面貼在臀部下，臉上塗粉，穿長袍梳盤髻，五個樂俑、頭梳盤髻並插有竹簽，她們盤髻、席地而坐，兩個吹竽，三個彈瑟，這是漢代的管絃樂隊。此外，在這一間「起居室」中，還放有一件夾袍，兩雙鞋子，一把扇子一個手杖，還有陶熏爐和竹熏罩。這全是貴婦人的日用必需品。

從上述「生活場面」，我們可以看到辛追在生前是過著「鐘鳴鼎食」、「觥籌交錯」的生活，尤其值得注意的是這裡有一個家庭歌舞班子，說明貴婦人每次進餐，必須有歌舞助興。十分有趣的是，原全國人大副主任譚震林來參觀馬王堆漢墓時，我曾將上述情況予以介紹，他聽了以後十分高興，並說：

著衣女侍俑

「王震先生給我講過，一九四九年，他到新疆之後，有一個人請他去吃飯，人家就有家庭歌舞隊，可見這個情況已經延續兩千多年了。」

從上面講的席子再來探討一下漢代前後的生活起居習俗。那時的主要習慣是「席地而坐」，夏用竹席冬用草席，因此一切家庭用具與之相適應，還沒有凳椅一類家具。人們學習、待客、吃飯、睡覺、休息全是在地上，所以室內鋪席，人坐席上，如果把席子看作家具的話，席子就是人工製造的第一個家具。過去用席十分講究，其中也有等級制度，用以別尊卑；天子五重，諸侯三重，大夫二重，當然平民百姓就只能用一重了。《論語》上還說：「席不正不坐。」因爲室內鋪了席子，所以規定必須先脫鞋後入室，當今的日本人和朝鮮人仍沿用著這一習慣。可見席子在當時占有十分重要的地位。從漢代文獻上也可看到此種習俗的反映。如「漢文帝與賈生語，不覺膝之前於席。」又見張衡在〈四愁賦〉中說：「美人氈氍毹。」這都是席地而坐的記述。魏、晉時一般還是席地而坐，但從漢代遺傳下來的坐床坐榻的習慣已經盛行。唐代即開始向高坐發展，坐席坐榻的方法還存在，但到後期已逐漸改變。此時垂足而坐的習慣已從上層階級首先施行而後普及全國。家具的品種和式樣也隨之而改變。我們從敦煌壁畫和「韓熙載夜宴圖」中可以看到，已有長桌、方桌、長凳、腰圓凳、扶手椅、靠背椅和回形平面床的出現。可以這樣說，後代家具的各種類型，此時已基本具備。至此，席地而坐的習俗已徹底絕跡。

38.從出土竹扇話扇史

馬王堆一號墓出土有兩把竹扇，一大一小。長柄大扇置於西邊箱的竹笥上，製作精緻，保存完好，出土至今原形不變。扇面是梯形的，外側長五十五厘米，內側長七十六厘米，寬四十五厘米，使用兩經一緯的細竹篾編成。邊緣以素絹包裹，正反兩面都有編成的幾何形圖案。扇柄用竹竿做成，長一點七六米，外面裹以黃絹。柄的上半部是將竹竿劈開夾住扇面，並捆以四道錦條。

短柄小扇出自北邊箱，形制與大扇差不多，長五十二厘米。梯形扇面外側長二十九厘米，內側長三十九厘米，寬二十二厘米。編織方法基本一樣，扇柄是用細竹篾織成管狀形，外裹錦條。扇面上沒有圖案，邊緣也縫有錦條。

似此類竹扇，我曾在荊州地區博物館見到一柄，那是江陵馬山一個戰國墓出土的。短柄，扇面也是梯形，所不同的是，中間使用紅、黑兩種竹篾織成斜紋的矩形圖案，在矩形紋內又織出小「十」字形紋樣。邊緣不是用錦縫邊，而是圍以竹片。總的看編織工整，紋飾很優美，製作很精巧。這很可能是目前從地下發掘出的最早的一把扇子。由此可見扇子在我國也是歷史十分悠久的一種用品。

扇子在我國古代有不少別名，如稱「搖風」、「涼友」、「便面」等等。如宋代陶穀在《清異錄・器具》中說：

「商山館中窗頰上有八句詩云：『淨君掃浮塵，涼友招清風。』是帚與扇明矣。」

關於便面，在《漢書・張敞傳》上說：

「自以便面拊馬。」

顏師古注：

「便面，所以障面，蓋扇之類也。不欲見人，以此自障面，則得其便，故曰便面，亦曰屏面。」

後來人們也常將扇面稱爲便面。

至於大扇在古代有掌扇、障扇、雉扇等名稱，主要用於障塵蔽日，並早已列入儀仗之列，上述之大扇應該是奴婢們爲軑侯夫人障塵蔽日所持用的。

扇子的種類很多，古代的扇子一般是團扇、紈扇、羽扇等，它的缺點是不能折疊。後來發展成折扇，關於它的來源，說法不一，一說來自日本，一說來自朝鮮，也有人說源於本國。此類扇一名聚骨扇、聚頭扇。明代以後以蘇州、四川製作的爲最好。宮廷中喜愛金子扇，此種扇是紅漆骨、綠箋面，裝入袋中，佩在身上。

唐代的木柄絹扇是一九七二年在新疆吐魯番山上的。扇面呈圓形，絹質，上繪飛鳥一對，口中啣花，鳥下繪兩山，上部繪花卉。扇長十三點五厘米，木質長柄，比扇面長兩倍半。扇面上的紋飾和當時的銅鏡、金銀器和服飾上的花紋風格是一致的。

一九七五年在江蘇金壇出土一南宋竹絲骨團扇，木柄，竹絲作骨，細如鬃毛，扇面裱紙後再塗以柿汁。扇杆塗黑漆，扇柄塗黃漆並繪棕紅色雲紋。柄長十六厘米，扇面長二十六厘米，寬二十厘米。可以說製作精緻，造型優美。

一九六五年還在江蘇江陰出土有明代剪紙折扇，同時出土的收糧簿上有「正德十年」（公元一五一五年）字樣。有竹骨十八根，高二十七點三厘米，闊一點三厘米。扇面裱以絲綿紙，塗柿汁，呈棕色並灑金。扇面以剪紙圖案作裝飾，中間是「梅鵲報春圖」。一層精絲綿紙，二層貼剪紙，再覆絲綿紙。扇面初看是素色，但在陽光之下圖案清晰，以剪紙作扇子裝飾，十分罕見，故此扇爲研究我國古代剪紙與折扇的發展史提供了物證資料。

扇子所用材料，隋朝前多用綾絹，唐時出現紙扇，明清之後品種日多。扇面用料有絹、綾、羅、紙、羽毛、竹子、樹葉、麥杆和牙骨等。扇骨有竹、木、牙、骨。藝術加工上種類更多，如有繪畫、書法、印花、刺繡、貼花、編織、燙畫、泥金和鑲嵌、雕刻、髹漆等等。我國以蘇州、杭州和粵、川、鄂等地所產扇最著名。

39.一根最古老的手杖

一號墓內棺上覆蓋一幅帛畫，其人間部分畫一貴婦人拄杖而行，這顯然是墓主人辛追。古屍經解剖後發現她生前患有多種疾病，如腰脊椎間盤脫出，並有膽管結石症及心絞痛等，因此，她生前要出門走動，離開拐杖顯然是困難的。

我們在這個墓的北邊箱的西端，果然見到了這一根木杖。它和漆几、漆屏風和繡花枕頭放在一起，這些東西都是貴婦人日常生活中間的必需品。杖長一點三二米，直徑一點二～二厘米，中間粗兩頭細。杖上從頂向下，有五道刻劃的痕跡，每段的間距爲二十三厘米左右，正好與漢尺一尺相仿，但第五段到末端爲十七點一厘米，已不足一漢尺。杖外套有絹袋，頂上以帶相束，看來丞相夫人對此杖十分珍視，她是打算到另一世界上去繼續使用的。

杖，也叫拐杖、手杖。《禮記・曲禮上》上說：「丈夫七十而致事，若不得謝，必賜之几杖。」這就是說，即使遠在周朝，已經使用拐杖了。古代還有尊老敬賢的「杖鄉」的習俗。《禮記・王制》上說：「五十杖於家，六十杖於鄉，七十杖於國，八十杖於朝，九十者，天子欲問焉，則就其室。」可見古代用杖還有一套嚴格的制度。

在我國數千年的歷史上，關於杖的故事有很多。如「延年杖」，是皇帝賜給老臣用的。《北史·于謹傳》上說：「保定二年（公元五六二年），于謹年老乞骸骨，優詔不許，三年，以謹爲三老，因辭，又不許，賜延年杖。」據說延年杖是由胡麻杆做成的，胡麻杆挺直如竹竿，有節有筠。因爲胡麻又名延年，因此爲名。「鳩杖」，是杖頭刻有鳩形的拐杖。《後漢書·禮儀制中》說：「仲秋之月，縣道皆案戶比民。年始七十者，授之以玉杖，餔之糜粥。八十、九十，禮有加賜。玉杖，長（九）尺，端以鳩鳥爲飾。鳩者不噎之鳥也，欲老人不噎。」王先謙集解引惠棟曰：「《風俗通》云：『漢高祖與項籍戰京索間，遁叢薄中。時有鳩鳴其上，追者不疑，遂得脫。及即位，異此鳥，故作鳩杖，賜老人也。』」「孔明杖」，據傳說，三國時，孔明曾屯兵劍門蜀北，用藤作杖。後來當地人民，即利用劍門山區七十二峰特產的藤料仿製，名曰「孔明杖」。現有近百個品種，年產三、四萬根。「藜杖」，即用藜的老莖製成。《晉書·山濤傳》說：「魏帝嘗賜景帝（司馬師）春服，帝以賜濤，又以母老，並賜藜杖一枚。」王維在〈菩提寺禁口號又示裴迪〉詩中說：「悠然策藜杖，歸向桃花源。」藜是一年生的草，高五六尺，莖老像樹杆，故可以作杖。

手杖，這是老年人輔助步行的工具。我國生產的手杖歷史久，品種多，造型極爲豐富。其用材有紅木、花梨木、白臘木、楓木、羅漢竹、方竹、棕竹、藜藤等。在工藝方面有的塗漆、雕刻、繪畫；有用金銀絲、玉石、牛角鑲嵌，目前以四川的劍杖、陝西留壩花木杖和山東濰坊百壽杖爲最有名。

馬王堆一號漢墓出土的手杖，應該算是我國已發現的最古老的手杖，也堪稱手杖之祖。

伍　文化篇

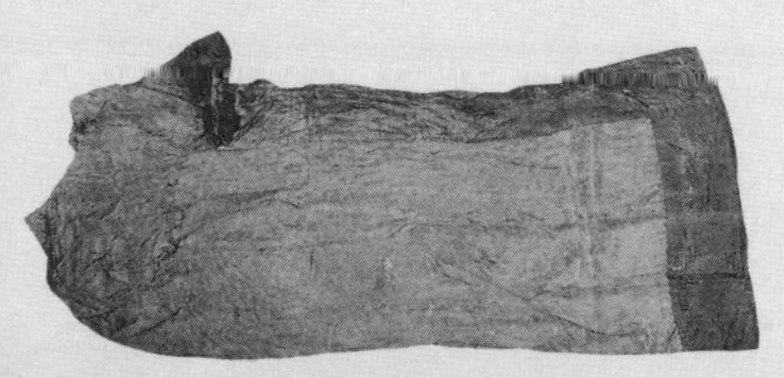
瑟衣

40.「地下圖書館」的新發現

在馬王堆三號墓裡，有一個黑色漆盒。打開後，發現有一卷十分潮濕的絲綢。按照國家文物局局長王冶秋的意見，我們立即送往北京故宮博物院去揭裱，不料揭了一層又一層，全是古代的帛書，一共二十多種，多達十二萬餘字。由於其內容豐富，數量很多，因此有人把它稱爲「地下圖書館」。

在紙張出現之前，我國所用的書寫材料主要是竹簡和木牘，字寫在或刻在竹片或小木板上，稱爲「竹書」或「簡書」。大約到春秋後期，用絲綢寫書作畫的風氣流行起來，這種寫在絹帛上的書稱爲「帛書」，因爲絹是白色的，有時也稱「素書」，直到漢代，我國仍然是竹帛並用。

竹木材料多，價格便宜，但體積大容納字數少，書寫、閱讀、攜帶都不方便。據說秦始皇每天閱讀的公文爲一百二十秦斤(約合現在五十多市斤)，這是多麼困難的事啊！西漢時的東方朔，寫了一篇奏章給漢武帝，一共用去三千根木牘，不得不由兩個壯漢擡進宮去，這樣的奏章閱讀起來該多麼不便。絹帛輕軟潔白，寫起來比較容易，還可以畫畫，收藏携帶也方便，但當時一匹細絹相當於六石米的價格，價錢昂貴，因此帛書只能供給有錢人使用。正由於使用面窄，再加上絲綢爲蛋白質料組成，埋在地下極易腐朽，所以，過去在考古發掘中遇到竹木簡比較多。古代帛書究竟是什麼樣子，鮮爲人知，直到馬王堆三號墓發掘出來，才弄清它的眞貌。

帛書是用絲織成的細絹，帛的高度有整幅或半幅兩種，畫圖、畫表的帛則按實際需要而定，大多數都折疊成長方形，一般是從右面按直行書寫，有的用墨或朱砂畫好上下欄，再用朱砂畫出七至八毫米寬的直行格，整幅的每行七十至八十個字不等，半幅的每行二十至四十個字不等。當時的墨，大多是用松枝等燒成的烟炱。

帛書的字體大體有三種：一是篆書，二是隸書，三是介於篆隸之間的草篆，又稱秦隸。在書寫的風格上也不盡相同，有的工整秀麗，有的灑脫但顯得潦草。秦統一全國以後，進行了「書同文字」的工作，以篆書來代替各諸侯國的異體字，但同時也以人民群衆創造的隸書作爲日常用的文字通行全國。由於隸書結構簡省、書寫方便，所以在漢初隸書已逐漸占優勢，從帛書中可以看到這一趨勢。因此，這批帛書在書寫方法上，給我們留下了繼商代甲骨文、周代金石文之後，秦漢之際漢字演變的軌跡。

帛書的內容以古代哲學、歷史爲主，也有講自然科學的，還有各種圖籍和雜書。如屬於哲學方面的有《老子》甲種本及卷後佚書四種，《老子》乙種本及卷前佚書四種，《周易》及卷後佚書三篇；屬於歷史方面的有《戰國縱橫家書》、《春秋事語》等。屬於自然科學方面的有《五星占》、《相馬經》等；另外還有《五十二病方》等大量醫書及《導引圖》。

這些書，許多在《漢書・藝文志》中不見名目，因此將對歷史研究中的許多課目提出新的問題，作出新的評價。

41.老子與《道德經》

老子是我國歷史上的著名人物，據說他姓李名耳，字伯陽，還有一個謚號叫聃，古代尊稱爲老子。他是楚國苦縣(今河南省鹿邑)人，在周朝任過守藏室之吏(管理藏書的史官)，通曉上下古今之事。晚年隱居於沛(今江蘇省沛縣)，一邊種田，一邊教書，主要講道論德。後來西去關中，死於秦國。

後人把他的語言輯錄起來，寫成了《老子》一書，又名《道德經》。全書一共五千多字，字句精練，寓意深刻，所以有人說像語錄式的哲理詩。他的主要思想是把宇宙萬物的本體看作「道」或「樸」，認爲道是創造一切事物的原動力，它超越時間、空間而存在，是永遠不可感知的精神實體；它永遠依照「自然」的法則循環運轉，「周行而不殆」。他又提出「反者道之動」的命題，意思是一切事物都包含著正反兩方面的關係，即相互依存又相互轉化。他的名言「禍兮福所倚，福兮禍所伏」、「正復爲奇，善復爲妖」等等，都充滿著樸素的辯證法方法和深沉的智慧，因此毛澤東曾講過：「《老子》是一部兵書。」就是說它充滿著辯證的哲理，這一著作在我國古代思想史上占有重要地位。

帛書《老子》有兩種寫本，一本是篆體，稱甲本；一本

帛書《老子》甲本

是隸體，稱乙本。因甲本不避劉邦諱，可能抄寫於秦末期；乙本避劉邦諱，可能抄寫於漢初或惠帝、呂后時代。

過去國內流傳的《老子》不下百餘種，文字上有同有異，看法不一，此中影響大的有三個系統：一是東漢時河上公的注本，一是魏晉時王弼的注本，再則是唐代傅奕的核定本(他的依據是從徐州項羽妾的墓中出土的《老子》古本)。這些本子都經過後人修改，已非原貌，因此帛書《老子》的甲、乙本與傳世本相比，時代最早，手跡最眞。

流傳本稱《道德經》，但帛書出土，發現《德經》在前，《道經》在後，所以正確的名稱應該是《德道經》。惟歷史衍成，很難再正名。

以帛書《老子》與今本《老子》對照，可發現許多不同之處，如：

一、今本十章有句：「滌除玄覽，能無疵乎?」過去讀不通。而帛書乙本作「滌除玄**監**」，監與鑒（鑑）同，以之解文，遂通。這句話的意思是：「心地光明，靜觀外界，能無瑕疵？」

二、今本五十七章有句：「法**令**滋彰，盜賊多有」。有些本子「法令」作「法物」，何者爲對，無從查考。帛書乙本上是「法**物**滋彰」，這樣，其意即爲「珍好的東西，越是彰揚，盜賊就越多」，也通了。

三、今本十四章中有句：「執**古**之道，以御今之有，**能**知古始，是**爲**道紀。」有人據此說老子「厚古薄今」。帛書上是「執**今**之道，以御今之有，**以**知古始，是**謂**道紀。」這說明老子的著眼點還是在「人世間」，他面對的還是現實社會。

四、今本三十七章有句：「道**常無爲**，**而無不爲**，侯王若能守之，萬物將自化。」帛書乙本是「道**恒**無**名**，侯王若能守之，萬物將自化。」今本是說，「道」經常是無爲的，而沒有一件事物不是它所爲，侯王若能保有它，萬物將自動向他轉化，前後語義背離。按帛書就能講通了。

因此，依據帛書，能更確切地了解《老子》的思想實質，從而對之做出正確的評價。

42.帛書叢中覓「黃老」

按史書記載，人們都知道漢代是崇尚「黃老」學說的，但我們能見到的只有《老子》而沒「黃帝」的書。可是在馬王堆漢墓所出土的帛書《老子》乙種本前面，抄有《經法》、《十六經》、《稱》、《道原》等四種古佚書，遍查《漢書・藝文志》不見記載，這四種書的思想內容，具有濃厚的道家色彩，其中的《十六經》是假託黃帝及其大臣們言行的「黃帝」書。「黃帝」、《老子》同抄一卷，立即使人想到歷史上所說的「黃老學說」，這是一種托名黃帝之言，崇尚《老子》之術的一種學術流派。

《史記・孟子荀卿列傳》中說：戰國中期齊威王、宣王年間（公元前三五六～公元前三二一年；公元前三二〇～公元前三〇二年），齊國國都的「稷下學宮」，有許多學者，如慎到（約公元前三九五～公元前三一五年）、田駢、接子、環淵等，「皆學黃老道德之術」，故有「稷下黃老學派」之稱。又據《漢書・老子韓非列傳》記載，申不害（？～公元前三三七年）與韓非（公元前二八〇～公元前二三三年）都講循名責實、賞罰分明的刑名法術之學，但其思想卻「本於黃老」，以上事例可以證明，遠在戰國中期，「黃老」學說已經流行並有一定影響，直到漢初，由於皇帝的倡導，成爲政治上的主導思想，在全國更加盛行起來。漢惠帝時，曹參在齊國任相，蓋公授予「清靜無爲，與民休息」的黃老思想，行之數年，齊國竟然大治，後來曹參繼蕭何爲丞相，用這一思想向全國推行，陳平繼任後，也仿傚此說，以至文帝的竇皇后「好黃帝、老子言，景帝及諸竇不得不讀《老子》尊其術。」而帛書正是出自文帝年間的隨葬品中，故可視爲它就是反映崇尚黃老思想的歷史見證物。

湘潭大學歷史系教授余明光先生通過深入研究與考證，撰寫了《黃帝四經與黃老思想》一書，因此深受國內外學術界的關注。余先生在本書中，對黃帝四經產生的年代、內容及主要思想，及其對漢代社會的理論、政治、軍事思想的影響，均作了系統論述。同時還將老學與黃學進行了對比研究。

《四經》一共有一萬一千多字，現將其內容簡述如下：

一、《經法》爲首篇，係《四經》的總綱，主要思想爲，治國必須依靠法治。下分〈道法〉、〈國次〉、〈君正〉、〈六分〉、〈四度〉、〈論〉、〈亡論〉、〈約論〉、〈名理〉等九篇。〈道法〉的首句就是「道生法」，即以「道」爲核心，從哲學上論證了道與法、刑名之間的相互關係，並指出認識與掌握道和法對於治國的重要意義。〈國次〉講如何從事統一戰爭。〈君正〉說：「號令合於民心，則民聽命，並愛無私，則民親上。」講的是「文武並行」，才能得天下。〈六分〉、〈四度〉分析國君王室內部，君與臣、賢與不肖、動與靜、陰與陽、生與殺等各方面的矛盾，著重強調加強君權內部統一的重要性。〈論〉和〈亡論〉是從正反兩方面探討國家「存亡興壞」的原因。〈名理〉主要講「循名究理」，即考察推究具體事物的客觀規律等。

二、《十六經》，主要講軍事、政治鬥爭的策略，即假托黃帝、高陽帝（傳說爲黃帝之孫）及其大臣力黑、閹冉、果童、太山稽等的對話及活動，著重闡述治國思想及統治術。共分〈立命〉、〈觀〉、〈五正〉、〈果童〉、〈正亂〉、〈姓爭〉、〈雌雄節〉、〈兵容〉、〈成法〉、〈三禁〉、〈本伐〉、〈前道〉、〈行守〉、〈順道〉等十

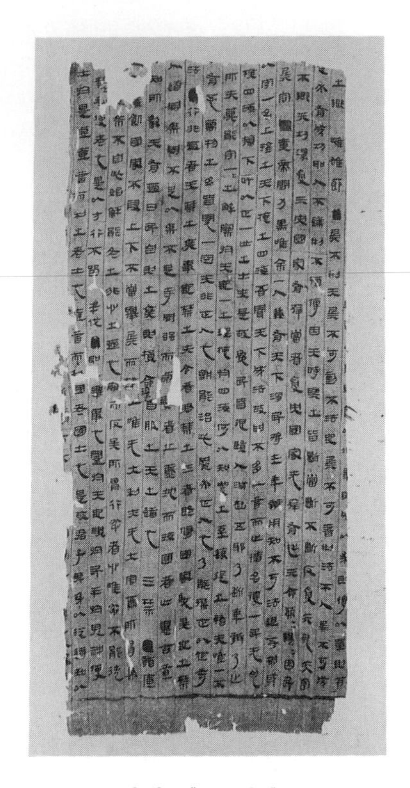

帛書《十六經》

四篇並加結論。

三、《稱》，稱就是法，故本篇主要是講施政、行法必須權衡度量，區分輕重緩急。書中匯集了許多成語警句，一言一語即爲一節，共四十八節。主張治理國家，統治人民，在政策上都要「勿失天極，廄（究）數而止」。不要走向極端，過了度，就會招致損失，以致亡國。

四、《道原》，不分段，主要講「道」的本原、性質和作用，說明道是無名無形，無爲而不爲的，「萬物得之而生，百事得之而成。」只有聖人才能「抱道托度，天下可一」，完成統一中國的大業。

從上述可以看到「黃學」的主旨是：統治者只要順從自然之道，簡明法度，即可「無爲而治」；強調君權和統一；主張文武並用，刑法兼施；多以天地自然之道來附會人間世事、社會關係等。

總之，「黃帝四經」的發現，它對於我國古代哲學史、政治思想史都具有十分可貴的研究價值。

43. 蘇秦與《戰國縱橫家書》

蘇秦是戰國時的縱橫家，相當現代的外交家。他是東周洛陽人，字季子，原爲鬼谷先生的門徒。他曾遊說燕、齊、楚、三晉，合縱抗秦，被舉爲縱約長，身佩六國相印，「投縱約書於秦，秦兵不敢窺函谷關者十五年」。

蘇秦赴燕遊說，受到昭王信任，後奉命入齊搞反間活動。他勸齊湣王除去帝號，背約拒秦，被任爲齊國相。他還和趙國奉陽君策劃，組織韓、趙、魏、齊、燕五國合縱，迫使秦國廢帝請服，退還部分侵占的土地，因此趙國封他爲武安君。後來秦國相魏冉約齊攻打趙國，他給齊國獻計攻趙不如攻宋，從而破壞了秦、齊聯盟。

帛書中有一部分記述蘇秦的書信和說辭，共二十七章，一萬七千多字，其中有十一章的內容與《戰國策》、《史記》相同，文字有些出入。另外十六章爲佚書。全書可大體分作三個部分，前十四章是早期流傳的蘇秦的資料；十五章到十九章是又一資料來源；最後八章是另行收集的，其中前三章和蘇秦有關。總的看來，這是一本以蘇秦遊說資料爲主的戰國縱橫家言論集。

戰國中期後，西秦東齊兩個大國互相對峙，楚、宋、燕、

趙、韓、魏被夾在中間，因此出現了秦、齊聯合兼併幾個弱國的局面，也出現了幾個弱國爲求生存而聯齊制秦或聯秦制齊的局面，鬥爭局勢，錯綜複雜，歷史上將爭取盟國、孤立敵國的戰略，稱爲「合縱連橫」。把出入各國間的謀士，稱縱橫家，甚至還產生了「縱橫之學」。

蘇秦的遊說詞和書信，隨著「縱橫之學」從戰國延至漢初，一直是「暢銷書」，那時的一些策士常以此爲藍本學習縱橫之術。

《戰國縱橫家書》有關蘇秦的言行占了三分之二，這些資料反映了公元前二八八年前後的一段時期，蘇秦爲燕王到

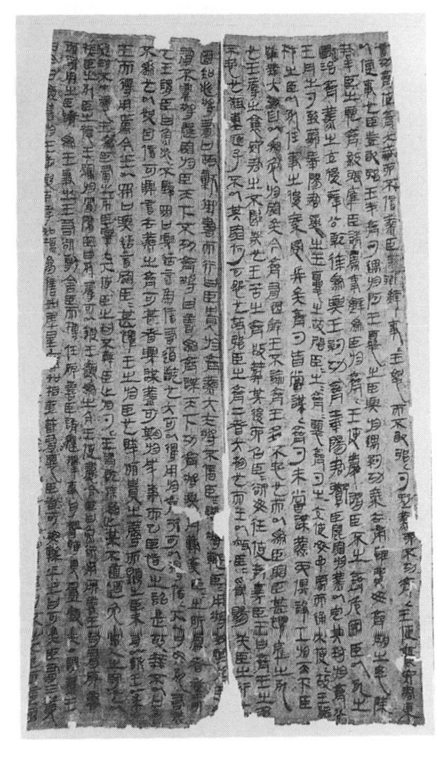

帛書《戰國縱橫家書》

齊國去進行離間活動的過程，還有齊、燕、趙、韓、魏五國合縱抗秦的一些細節，內容十分豐富，下舉幾例：

〈蘇秦自齊獻書於燕王〉：說的是公元前三一四年，齊國侵略燕國，燕國差一點亡國而變爲齊國的附庸。燕昭王勵志圖強，欲雪恥復國，廣泛招攬人才，伺機而動。蘇秦應召入燕，受到信任並奉命赴齊進行反間活動。可是燕王聽信謠言，想撤換蘇秦，因此蘇秦給燕王寫信自我陳述。

蘇秦去齊國前給燕王獻計說：「齊國是我國的大患，我到那裡，可以叫齊國不謀燕國，並可離間齊、趙的關係，然後使燕國成就復國大業。」蘇秦到齊國後一直按此策略行事。蘇秦入齊五年，齊國從未攻燕，而齊、趙之間常有磨擦。燕國卻大顯身手，一時聯齊攻趙，一時又聯趙攻齊，而齊國不僅沒有發覺，還把齊燕交界處的駐軍撤退回來。

〈蘇秦自趙獻書於齊王〉：蘇秦作爲齊閔王的特使，奔走於燕、趙、魏之間，制訂合縱抗秦的方針和作戰方案，並了解各國動態。這些記載對了解五國攻秦事件的經過很有幫助。

〈蘇秦自梁（魏）獻書於燕王〉：因齊國想攻打宋國，對履行齊、趙、韓、魏、燕等五國合縱攻秦的盟約不夠積極，於是魏相孟嘗君等準備趁齊國攻打宋國之機，反戈攻齊。蘇秦在信中匯報了這一情況，並要求保守機密。到公元前二八四年，燕將樂毅率領五國聯軍征討齊國，出其不意，從北線進攻，齊國大敗。在此之前齊王已發現蘇秦的眞實面目，將他車裂而死。

總的看來，帛書糾正了許多有關蘇秦歷史的錯誤，又訂正和充實了戰國中、後期的歷史記載，給戰國歷史的研究提供了重要史料。

44.帛書《周易》與「八卦圖」

有一幅帛書原無標題，一共有四千五百字，經考察內容定名爲《周易》。《周易》又名《易經》，是儒家「六經」之一，原爲古人向神靈卜問吉凶的方法，分龜卜和占筮，筮用蓍草，按一定法式推衍數目，求得某種卦象，再依據六十四卦的卦辭爻辭去推測所問事情的後果，何時寫成沒有定論。帛書《周易》抄寫於漢文帝時，是最早的一種本子。

帛書《周易》六十四卦齊全，其主要特點有兩個，第一是卦的序列和現在的不同，而且沒有分上下篇，它將八卦按先陽後陰的原則分別，即以乾、艮、坎、震、坤、兌、離、巽爲序，作爲上卦，每種上卦，分別與乾、坤、艮、兌、坎、離、震、巽配成下卦，保持了比較原始古樸的形式；第二是有《卦辭》和《爻辭》，內容和現行本基本相同。

《周易·繫辭》上說：「易有太極，是生兩儀，兩儀生四象，四象生八卦。」所謂陰陽兩儀，其爻一虛一實，除去它的神祕色彩，陰是偶數，陽是奇數，兩儀、四象、八卦，正好是幾何級數，再排列就成了六十四卦，每卦有六爻，一共三百八十四爻，這成了排列組合的起源。在西歐國家，十二世紀以前對排列組合知識還十分貧乏，直到一七一三年伯努利寫了《猜度術》後，才有了顯著進步。

《周易》以卦、爻來占卜和象徵自然和社會變化的吉凶雖有宗教迷信色彩，但也保存了古代社會的一些情況和某些思想認識資料，其中還包含著樸素辯證法思想的萌芽。因爲這種書年代久遠，辭義晦澀難懂，歷代均有人加以闡述，如魏晉時有人把它和玄學搞在一起，宋人又從理學上去解釋，近代有人主張用自然科學方法去解釋。

帛書《周易》的第二部分，專門論述由八卦演變出來的六十四卦。八卦，後代有人把它圖像化，變成了「太極圖」。在公元十世紀的後漢，有個叫魏伯陽的人寫了《周易參同契》一書，對「太極圖」又作了進一步的闡述。直到現在，這種「太極圖」在很多古建築的樑上還可以看到。

在封建社會裡，有人把太極圖當作神來供奉，一些道士巫婆也借此畫符念咒，進行迷信活動，因此在人們的心目中，它好像是迷信的產物。實際上「太極圖」主要來自古人的生產和生活實踐，內容涉及天文、地理等許多知識領域。

過去有個故事，公元一七〇一年，發明微積分和計算機的德國數學家萊布尼茲接到法國傳教士從北京寄去的「伏羲六十四卦次序圖」，從中悟出從零到六十三的二進位制，因此創造了歐洲二進位數學，不久又製造出乘法計算機。他爲了表達對中國古老文明的敬仰心情，特地給清朝康熙皇帝寫了一封熱情的信，並寄來他研究八卦的數學論文。他認爲二進制開創於伏羲，而歸功於朱熹及其弟子蔡元定。不料康熙皇帝批示：「天下之事，何必師事夷人。」竟拒之於千里之外。

帛書《周易》(局部)

帛書《周易繫辭》

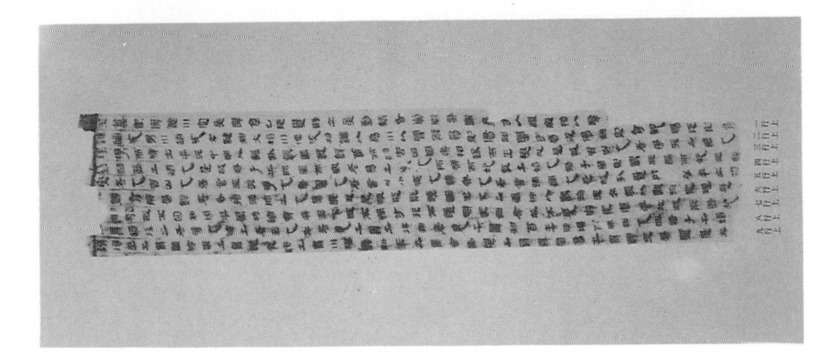

45.《五星占》及「彗星圖」

中國是世界上天文學發達最早的國家之一，不論在天氣紀錄、天體測量、測天儀器方面，還是在曆法和天體演化的研究等方面，都取得了光輝的成就。戰國時的楚國人甘德寫了《天文星占》，魏國人石申寫了《天文》一書，對恆星位置的觀測都作了記載，可惜這些書都已失傳了。可喜的是，馬王堆三號墓中保存有《五星占》和《天文氣象雜占》，這兩部帛書是現存的我國最早的天文著作、對研究我國古代天文學史具有重要意義。

《五星占》大約六千字，前面是占文，後面是五星位置。古代人對於風雷雨電等自然現象不了解，因此產生了對自然神的崇拜現象，之後又出現了占星術，想通過天象變化來推測人間的禍福，所以世界上每一個古老的民族，都在發展天文學的同時，也發展了占星術。

帛書中列表記載自秦始皇六年（公元前二四六年）至呂后元年（前一八七年）六十年間的木星的位置，從秦始皇元年到漢文帝三年（前一七七年）七十年間的土星、金星的位置，這些天文資料，證明在西漢初年，我國對五大行星的觀測已十分精細，並認識了它們的某些規律。

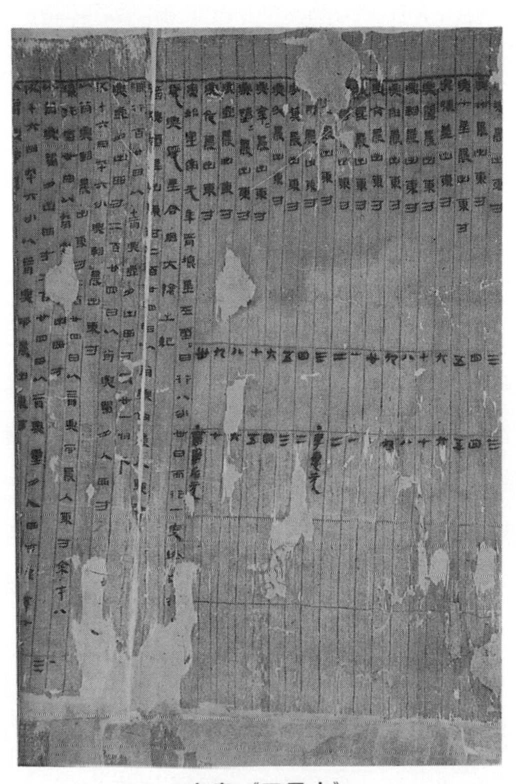

帛書《五星占》

在晴朗的夜晚，天幕上會出現五顆明亮的星星，這就是水星、金星、火星、木星和土星，這是當時已知的太陽系五大行星。太陽系有九顆行星，其他行星距離遠，肉眼看不到，後來歐洲人才發現。這五顆星古代另有名稱。古人把一周天分成十二區間，也叫十二辰。他們認爲北方是水，水星每天距日不過一辰，故稱辰星；西方是金，金星因光輝銀白，又稱太白星；南方是火，火星熒熒如火，行跡不定，故稱「熒惑」；東方是木，木星十二年轉一圈，稱爲「歲星」；中央是土，土星又稱「塡星」。

《五星占》上記錄金星會合周期爲五百八十四點四日，

比今日測值五百八十三點九二日只大零點四八日，誤差不到半天；土星會合周期爲三百七十七日，比現在的測値只小一點零九日；土星的會合周期爲三十年，比今測值只大零點五四年；木星會合周期爲三百九十五點四四日，比今測值只小三點四四日。這些數據相當準確，那時用肉眼，而現在用的是電子望遠鏡，可見我們的先民是多麼了不起啊！

《天文氣象雜占》上繪有雲、蜃氣、暈、虹、恆星、彗星等天象圖約二百五十幅，還附有簡短的文字說明，但最精彩的是二十九幅彗星圖像。彗星通常由核、髮、尾三部分組成。頭部中間比較亮的一團叫彗核，四周雲霧狀的光輝叫彗髮，合起來稱彗頭，頭後往往拖著長尾巴。由於太陽輻射熱和太陽風的作用，尾巴沿背離太陽的方向伸展，遠看像掃帚，所以民間俗稱掃帚星。

這些彗星圖，像各種發芽生長的植物，有的像荸薺抽葉，有的像帶莬的杉樹，有的像蘭草，儘管千姿百態，但都是頭朝下，尾朝上（只有一個例外），彗尾背離太陽。這一規律，歐洲人在一六〇〇年以後才發現。最亮的所謂哈雷彗星，我國人從秦始皇七年（前二四〇年）到清宣統二年（公元一九一〇年），對它共記錄了三十九次。因此我們可以說，這些圖像和文字都是極爲寶貴的天文史料。

46.《相馬經》與養馬史

在三號漢墓出土衆多的帛書中，有一種《相馬經》，這也是一種古佚書。共有七十七行，五千二百餘字，原來沒有篇名，帛書整理小組根據其內容予以命名。

相馬法是鑑定馬匹優劣的實踐經驗總結，歷來受到重視，兩千多年來相馬著作曾有十多種，但大都失傳了，故一千四百餘年中，人們都把《齊民要術》一書所記載的相馬法當作了《相馬經》。此書內容雖不甚完整，但對研究畜牧史卻十分重要，因爲它提供了從歷史文獻中從未見到的關於相畜方面的資料。

我國養馬的歷史已十分久遠，最初養馬是爲了食肉，殷代曾用馬作祭品。《穆天子傳》記載周穆王西巡時，青海一帶部落曾獻「食馬」。後因馬在軍事、驛運等方面的重要性，即不再用以祭祀或殉葬，而且嚴禁宰殺。《周禮·夏官》說，馬的用途有六種，即專供繁殖的「種馬」、軍事用的「戎馬」、儀仗和祭典用的「齊馬」、驛站用的「道馬」、狩獵用的「田馬」，以及服雜役用的「駑馬」等等。

唐朝的《通典·禮》上說：黃帝、堯、舜時已發明馬車。殷墟出土的馬車已基本完備。商、周時馬車多用於車戰、狩獵和運載。馬耕的起源在先秦。漢時的《鹽鐵論・散不足》說：「古者馬行則服扼（軛），止則耕載。」騎馬可能始於北方的游牧民族。戰國時中原各國爲了對付北方的騎馬民族，紛紛改戰車爲騎兵，越武靈王「胡服騎射」的故事早已流傳。古代陸路交通靠驛站，故驛馬的地位僅次於軍馬。春秋時已有驛，至漢、唐時更爲發達。唐時每三十里設一驛站，每站備馬八至七十五匹，元代更是靠驛運聯繫各個汗國，當時全國有驛馬三十萬匹。唐代有馬背演技、舞馬、賽馬等，起源於西藏的馬球到明代演變爲軍事體育項目。草原民族自古至今飲用馬乳，漢代皇宮中即有專人製做馬乳酒。由上述可知馬和人類，馬和我們民族的關係是何等密切。

相馬術是我國傳統養馬技術的重要內容之一。春秋時伯樂、方九皋等相馬名家輩出，到了漢代相馬術已成爲一門重要科學。已載入史冊的相馬專家有東門京、黃直、陳君夫、子輿、儀長儒、丁君都、楊子阿、儀氏、中帛氏、薛翁、朱建平等。《史記・日者列傳》說：「黃直丈夫也；陳君夫，婦人也，以相馬立名天下。」由此可知那時還出現了女相馬專家。這些都足證漢時相馬術之發達。

《相馬經》可能成書的年代比較早，因爲它和同時出土的《老子》乙本幾乎是同一手筆，在大部分漢隸中還有不少小篆和秦隸，因此可能出於漢初。就其內容看，很可能是戰國時代傳授下來的。因文字中有「漢水前注」，「力可以負龜山」等詞句，此書可能出自楚人之手。

帛書著重談馬頭，尤其馬眼的相法，另外是四肢的大體相法，軀幹及耳、鼻、唇齒等重要部位未提及，因此斷定不是古代《相馬經》之全部。

帛書說，馬的上眼眶或眼盂豐滿，狀如半月；眼睛長得高；眼睛五色清明，即如鵠眼放出五色光輝等等，即爲良馬。

書中將馬分爲良馬和駑馬兩大類。把良馬又分爲四個等級，即國馬、國寶、天下馬和「絕塵馬」等。

帛書說：「前有一微，後有三齊；一寸逮鹿，二寸逮麋，三寸可以襲鳥，四寸可以理天下。」這是良馬分級的標準，即能追上鹿的即算良馬；追上麋者爲更好的良馬；能「襲鳥」、「逮烏鴉」者是很好的良馬。一九六九年甘肅武威漢墓出土的「馬踏飛燕」銅馬，已揚名世界，這正是此種馬的寫照。

帛書說：「足可載馬，天下少有」，這就是高級良馬「天下馬」。這大概就是漢武帝所十分賞識的大宛馬，當時武帝稱其爲「天馬」。

帛書《相馬經》的出土，給我們以很多的啓迪，從中可以看到古人對相馬所持的科學態度，比如相眼即窮根追理連續提出十五個問答，如從「眼，大盈大走，小盈小走，大盈而不走，何也?」從而聯繫到眼的盈滿程度、眼的光澤，睫毛和眼部肌的功能等因素，並與馬是否善走相關聯。由此足證我國相馬術歷史悠久，而相馬科學居於世界古代相馬外形學的前列。

（參見彩圖一九～二四）

47. 古代繪畫傑作——廞旌

在一號漢墓的內棺上，覆蓋了一幅畫，呈「T」形，底子是細絹，出土時已成棕色。畫幅全長二百零五厘米，上部寬九十二厘米，下部寬四十七點七厘米。頂上橫一根竹竿並繫以絲帶，下部四角，各綴一條二十厘米長的麻穗。

這是什麼東西呢？墓裡的遣策所寫的「非衣一，長丈二尺」，講的就是這幅畫。

畫的內容共分三個部分，上部爲天上，中部爲人間，下部爲地下。中間畫一老婦人拄杖而行，她身著雲紋繡花長袍，頭上飾有白珠，這正是漢代貴婦人的特徵。她身後跟著三個侍女，前面有兩個男子跪著迎接，大概是漢代的「方士」。據說方士能煉丹供人服用，又能介紹人「升天」，看來這位老婦人就是墓主人辛追，可能正走在「升天」途中。

老婦人足下有帷帳，之下即爲庭堂，堂中擺設著鼎、壺等飲食器皿和喝酒的耳杯，兩邊對坐著六個人，還有一人站在一側，旁邊放著一個大食案，上面覆以絲巾，這是端送食品的用具。這種場面在古代稱作宴饗圖，實際上是祭祀的場面，猶如我們現在死了人開追悼會一般。上部畫有天闕，通俗地說就是天門，闕頂上踞著雙豹，門邊有神人把守，看樣子在開門迎接老婦人升天。

在畫的頂端有一個披長髮的人身蛇尾神怪,有人說是「女媧」,也有人說是「燭龍」,原因是《山海經·大荒北經》上說,燭龍人首蛇身,能左右晝夜,呼風喚雨,並管理春夏秋冬四季,實際上是天上主宰。畫的右上角有一輪紅日,裡面有一隻金烏,下面是扶桑樹,樹上有八個小太陽。有人認爲畫的是后羿射日的故事。傳說,古時天上有十個太陽,住在湯谷扶桑樹上,它們實行輪流值班,每天出來一個。堯的時候,十日並出,天下大旱,樹木焦枯,堯命神箭手后羿射去九日,只留一個。可是畫上只有九個太陽,與傳說並不符。爲什麼呢?我們曾請教郭沫若先生。郭先生說,那一個可能藏到樹葉後面去了。

左上角有彎月、蟾蜍和玉兎,月下有坐在飛龍翅上的女子,多數認爲這是嫦娥奔月。據說后羿到西天王母娘娘那裡要了長生不老之藥,準備與其妻嫦娥共食。不料當他外出時,嫦娥偷著吃了,食後身輕如燕,即飛往月宮,這是我國已流傳很久的一個神話故事。

在畫的下部有兩條交叉的大鰲魚,魚上立一裸背大力士,雙手托著大地,他可能是想像中的地神。古代傳說鰲魚十分巨大,它如擺尾就要發生地震。兩邊各有一個烏龜,上面還站著貓頭鷹,它雙眼圓睜,可能表示守衛死者的靈魂。

整個畫幅表現的是「引魂升天」的意思。過去人們曾把這幅畫看作「銘旌」,但㷍華在〈馬王堆一號漢墓彩繪帛畫名稱的考察〉一文認爲,古代喪禮中有廞旌、銘旌和乘旌等三類,而廞旌是引導殉葬的明器、跟隨亡魂而去的旗幟。十分有趣的是,他在江蘇句容縣陳武鄉發現了該地以紙製成的廞

帛畫（局部）

旌（當地以諧音稱爲錢幡），長四點二零米，寬零點六一米，飄帶長二點七零米，頂端有紐可以懸掛。其內容從下而上分九級，即大門、廳堂、廚房、臥室、靈龕、搖錢樹、金山銀山、聚寶盆、雲龍、日月星雲，他認爲這和漢代T形帛畫之間有一定繼承和演變的關係，不過前者用帛，後者用紙。據此彩繪帛畫應正名爲廞旌。

從繪畫技巧上看，此畫線條流暢，描繪精細，色彩絢麗，內容豐富，畫面的景象和人物，有的出自神話傳說，有的來自社會生活，既有想像，也有現實，古代的無名畫師能把這紛繁的景物完美地組織在一個畫面上，確是匠心獨具。這幅帛畫是我國古代帛畫的傑作。

48.宏偉壯觀的「儀仗圖」

帛畫是馬王堆漢墓的重要發現之一。三號墓棺室西壁掛有一幅彩繪帛畫，長二百一十二厘米，寬九十四厘米，描繪極爲壯觀的車馬、儀仗場面。全畫從構圖上大致可分爲四部分，畫的上方有一人頭戴劉氏冠，身穿長袍，腰掛寶劍，後面有幾個侍衛，爲他執持傘蓋，當是墓主人，可能是軑侯的兒子、帶兵的將軍。後面還有一行七十人，這是他的部下，他們均手執長戈，身穿紅、白、黃、黑等色的袍服。再下面一行近三十人，手執彩色盾牌，這是其衛隊。前面有土築高臺，在古代稱作「壇」，主要用於檢閱和祭祀等活動。畫面表示主人及隨從正在登壇視察。百多人組成的方陣擺在左下方，上面一方四十人，其他方各爲二十四人。上下兩方均垂手肅立，左右兩方則手執長矛，他們全部面向主人。左方陣中間擺著一個樂隊，其中兩人正在擊建鼓，兩人在擊鐃鐸。何謂建鼓？它是一種大鼓，有一根杜子橫穿鼓腰，杜上端爲華蓋，鼓腰繪有五彩花紋。鼓手姿態生動。樂隊占重要位置，表明正在舉行一種儀式。

右上方有一車隊，共四列車，每列十餘輛，每車駕有四匹馬。趕車人坐在輿內，車騎後面有一列馬頭，說明大隊人馬正在源源不斷而來。

右下方是騎兵隊，每列六匹馬，一共十四列，兩側之外還有騎馬的將士，合計有一百多匹馬。

這到底是搞什麼活動呢？因爲墓主人生前可能是駐守長沙國南部的重要將軍，而畫面上又都是將士、車隊和侍從等等，所以帛畫畫的很可能是將軍在舉行盛大檢閱，或率隊出征。

墓中遣策記載：「執短棨者六十人，皆冠畫」，「執盾六十人，皆冠畫」，「執短戟六十人，皆冠畫」。帛畫內容與記載大致相符，所以畫上的人馬車隊可能與眞人實物對應。古代兵馬、車騎殉葬的例子很多，規模最大的是陝西臨潼驪山秦始皇的兵馬俑和咸陽楊家灣的西漢墓墓俑（這個墓可能是西漢將軍周勃、周亞夫父子的墓葬）。那些俑和這幅畫雖不相同，但都是爲了宣揚封建貴族的「威勢」。

「儀仗圖」內容複雜，古代的畫師們爲把衆多的形象組成一個整體，在構圖、造型、線條和著色方面都有不少創造。首先在構圖上就突破了過去慣用的呆板平列的形式，而巧妙地把幾十輛車、二百多人物和二百多匹馬安排在一個畫面上，虛實處理很好。從整體來看，這是一個鳥瞰式的檢閱場面。

先秦時期畫人物，只注重正側面，西漢初已開始表現半側面，這是繪畫技術上的一個突破。在人物形象方面，此畫已經注意表現等級身份，通過對人物神情的描繪來表現人物之間的關係，這說明西漢早期的畫師們已具有相當高的藝術修養和造詣。

(參見彩圖七五)

49. 首次發現的「地形圖」

三號墓裡有一幅地形圖，上面畫有山脈、河流、道路、村莊。這種圖在古代被稱作「輿地圖」。此圖繪製的時間，大約在漢文帝時(公元前一七〇年左右)，因此它是我國發現的最古老的地形圖。

這個墓裡爲什麼會有地圖呢？其原因是秦朝末年，農民起義，天下大亂，龍川縣令趙佗趁機奪取了南海郡尉的職位，將南海、桂林、象郡割據，自立爲「南越武王」，且經常侵擾長沙國的邊境。西漢初年，劉邦忙於內政，一時還顧不上處理這些割據勢力，但爲了防禦趙佗，也派了一大批軍隊駐守在長沙國的南部邊境，這張地圖就是在這樣的特定歷史條件下產生的。

地形圖爲正方形，長寬各九十六厘米，方位的確定和現在的地圖正好相反，是上南、下北，左東、右西，可能當時習慣這樣看圖。地圖所包括的範圍，在東經一百一十一度至一百一十二度三十分、北緯二十三度至二十六度之間，相當於現在廣西全州、灌陽一線以東，湖南新田、廣東連縣一線以西，北邊止於新田、全州，南面直達廣東珠江口外的南海。主區比例大約爲一比一七〇〇〇〇至一比一九〇〇〇〇，一寸抵十里。因此，一些專家認爲，它的全稱應該是「西漢初期長沙國南部深水（今名瀟水）流域地圖」，但念起來很不方便，還是簡稱「地形圖」爲好。

可能由於軍事運輸上的需要，圖上的水系畫得很詳細，大小河流三十餘條，至少有九條標注了名稱，如：

營水：就是現在的濂溪河，它的上游是來自營山的營溪及來自都龐嶺的大江源。

舂水：爲現在的舂水或鐘水，所城以南則叫舜水。

牗水：現在叫瀟水，它由四條水匯合而成：一條來自黃沙源，中經九嶷爲九嶷河；第二條是「泠水源」，現名爲泠水；來自巽水支流的叫羅水，今稱溪水，再一條爲仁澤水。

壘水：今叫馮水，又叫嶺東河。

臨水：今稱萌渚水或西河。

參水：由雙江和泡水匯合而成。

部水：即今之掩水或永明河。

圖上的河流是用粗細均匀變化的線劃來表示的，線劃粗度由源頭的零點一厘米逐漸加粗到零點八厘米，河流主次關係非常明確，彎曲自然，與現代地圖比較，河流骨架、河系平面圖形、河流流向及主要彎曲均大體相似。

從圖上看，南嶺地區具有山脈縱橫交錯、山嶺盤結成簇的地貌特徵。右側，觀陽、桃陽一線豎直延伸到都龐嶺，畫得簡單明瞭。南部地勢複雜的南嶺山脈脈絡分明，從中可以看出南面是珠江水系，北面是長江水系。左側九嶷山回旋盤亙，除用粗的山形線表示山體範圍外，又用魚鱗狀的渦紋線層疊交錯，顯示峰巒起伏的山勢，很像現在的等高線畫法。

東面七個柱狀符號，表示各峰巔的排列高矮，南有九個柱狀物，表示九嶷山的九峰，下有建築物隱約可見，旁注「帝舜」。《史記》說：舜南巡「崩於蒼梧之野，葬於江南九嶷。」這裡可能是舜廟所在地。

全圖標明有八個縣，即營浦（在湖南道縣）、南平（藍山縣）、春陵（在寧遠縣）、泠道（在寧遠縣）、桃陽（在廣西全州）、觀陽（廣西灌陽縣）、桂陽（在廣東連縣）、齕道（在湘、粵交界處）。

此圖原爲墓主人生前用於軍事指揮的重要文件之一，如今已成爲研究漢代地理、歷史的重要史料。

（參見彩圖七六）

50. 守備作戰的「駐軍圖」

出土於三號墓的「駐軍圖」長九十八厘米，寬七十八厘米，用黑、紅、田青三色繪製而成。所謂軍事地圖，是在地形圖上根據作戰意圖、計畫，按照地形等條件，標定兵力、武器配置和作戰態勢等情況的地圖。通常有進攻和防禦（守備）之分，圖上只標長沙國的軍事形勢，未繪南越國的軍事形勢，說明這是一幅防守性軍事地圖。圖的主區在深水流域，即現在的湖南省江華瑤族自治縣的沱江流域一帶。

此圖的比例大致爲一：八〇〇〇〇到一：一〇〇〇〇〇左右，它反映了當時的守備作戰思想，主要特點可分爲以下幾個方面：

一、多線布置，扼守要隘：

圖的正面大體上有四十公里，縱深五十餘公里，比較明顯地分兩線布置兵力，並依托三條山谷扼守通向南粵的通道。第一線有徐都尉的三支部隊，部署在南沿的山脊北側；第二線爲周都尉的兩支部隊、徐都尉的一支部隊，隱藏在山背面的三條大谷內，與一線相距約十五到二十公里。司馬得軍的兩支部隊，放在指揮部的左右方，很像現代作戰中的預備部隊，正好形成梯形配備，左鄰爲桂陽□軍。一線前沿順山坡

向下伸出約五公里處，有八個居民點，表明這是前哨，屬於警戒陣地。

從圖上可以看到，長沙國守備重點在左前方，因其預備隊和友鄰的加強部隊都擺在這裡，此處順著三條河流的大山谷可通左翼徐都尉軍。左前方順河川可直接通南越後方。這樣部署可以充分利用有利地形，互相支援，既便於防守又便於出擊。

二、選擇有利地形，設置指揮機關：

部隊司令部設在中央地區，緊靠二線部隊後面，距前沿陣地大約三十公里，徒步行軍也僅一天路程，因接近四條河流匯合點，前方有河道可通前沿陣地，後靠大深水能通後方，指揮部本身爲三角形城堡，設五個箭樓、四個戰樓，可登高瞭望，可防守作戰，此爲複合式防守工事。這三角城堡，只要在三個角上設置崗樓，即可統覽四周全貌，實爲古代的優秀軍事工程。城垣南側只設一個望樓，有彎曲小道與城堡相通，旁注「複道」，說明下面有地道。左側攔水成塘，紅色表示堤壩，藍色表示池塘，旁注「波（坡）」，可能是爲了飲水和消防而建築的。

總的看來，指揮部三面靠水，一面靠山，堅垣重樓，易於防守。湖南省博物館派人調查，在江華縣麻江口鎮附近，有一三角形古代遺址臺基，傍有池塘，三面環水一面靠山，與圖相符，但未找到西漢遺物，故尚未作定論。

三、注意通訊聯絡，加強後勤保障：

在陣地前沿山脊上築有三個烽火臺，古代作戰，白天燃煙，晚上舉火，各臺遞傳，可以迅速報警。

守備區南沿，道路縱橫交差，還寫著「到廷里五十四里，……到袍里五十里」等，可見是爲軍事服務的。指揮部後方有「甲鉤」、「甲英（纓）」等字，可能爲輜重所在地，因臨近深水，便利轉運。

四、注重環境調查，掌握居民情況：

圖上有近五十個居民點，多數標有名稱，有的寫明戶數，如「河里，三十三戶，今毋（無）人」。有的寫「兼里」、旁注「並慮里」，說明爲了便於軍隊行動作戰，已採取了移民併村的措施。

此圖既可以使我們了解古代的繪圖技術成就，又可以幫助我們研究漢初的軍事學術思想，因此十分珍貴。

51.承上啓下的秦隸

我國漢字的形體演變從商周古文字到小篆是一個階段，由小篆發展到隸書是第二階段，由隸書發展到正書是第三階段。此種發展變化的總的趨勢是由繁難變爲簡易。文字在使用上盡量使它容易寫。

現在簡單介紹一下這個發展過程：首先是由商周的古文字到秦代的小篆。我們從卜辭和青銅器銘文上所見的文字，已不是圖畫，而是筆劃簡單的記錄符號。不過有不少的字在表形表意上還帶著圖畫的色彩。如「」（齒）、「」（竝）、「」（男）等，都還是象形字。

到了春秋戰國時代，書寫工具有了竹簡和絲帛，文字可用毛筆來寫，因而使用日廣，列國文字各有地方特色而不一致，秦人繼用西周文字，比較繁複，秦滅六國以後，李斯倡議進行統一文字，於是產生了小篆，其特點是，形體比大篆簡單，結構比金文整齊，寫法有一定規範。所以說秦朝統一文字在漢字發展的歷史上是一大進步。

其次是秦漢的隸書，它是由簡略的篆書逐漸發展而成。過去傳說隸書產生於秦代，多在民間使用，到了漢代，隸書不斷發展，成爲日常應用的字體。隸、篆之不同，主要表現在三個方面：

一、筆劃簡化，如言字邊、阜字邊之類。

二、結體改變，如晉字、曹字的上邊一部分都不同於篆書。

三、變篆書的圓筆爲直筆或方筆。如月、木、女、甲等。

隸書的出現是漢字由繁複變簡單的一大發展。此時文字走向大衆化，在社會生活中起著重大的作用。與隸書同時也產生了草書，漢末又出現了行書。

再次即魏晉以後的正楷。「楷」含有規矩的意思，自漢代產生楷隸到了魏晉時即有了正書（眞書），其字體波勢減少，筆畫平易圓轉，故唐代以後即成爲手寫的字體。

在談過漢字書法的演變過程之後，現在我們要來看一下馬王堆漢墓出土的竹簡、帛書與漢字形體變化的關係。在這一方面，李正光先生曾編著有《馬王堆漢墓竹簡帛書》一書，予以系統研究。

馬王堆一、三號漢墓出土竹簡九百二十二支，共有九千餘字。三號墓出土的帛書共十二萬餘字。考察帛書的字體有小篆、隸書以及介乎篆隸之間的「秦隸」。從風格上看，既不同時也不同人。

《老子》甲本爲秦篆，文中不避劉邦諱，足證爲高祖稱帝（公元前二〇六年）以前抄寫的。《老子》乙本字體爲隸書。改「邦」爲「國」，避劉邦諱。帛書《五星占》與此字體相同，其中表列有漢文帝三年（公元前一七七年），故此類字體即在高祖即位前到文帝初年。簡牘分「遣策」和「醫書」兩種皆隸書。遣策是隨葬品的清單，故與墓主人埋葬年代相同。

馬王堆漢墓帛書全部是手抄墨跡，字體方面有篆、秦隸

（古隸）、漢隸和草書，它系統地、全面地反映了秦漢之際文字的演變和發展。《漢書・藝文志》說，秦時「始建隸書」。晉代衛恆在《四體書勢》中說：「秦既用篆，秦書繁多，篆字難成，即令隸人佐書，曰隸字。」這都說明秦代有了隸書，但秦隸是什麼樣子卻沒人說得清楚，過去古人把《秦詔版》上的字誤認爲秦隸，或者把「秦隸」、「漢隸」統稱爲「古隸」。而馬王堆漢墓帛書的出土，問題即迎刃而解。

秦隸的特點根據《老子》甲本的書體，大致可歸納爲以下幾個特點：結體上正方、長方、扁體不拘，因筆畫多少而定，方圓並用，行筆簡疾，有明顯粗細變化，捺筆粗重，已具波挑之勢；部分字形仍接近篆體，甚至一個字體中有篆有隸，如「是」字寫作「[illegible]」等；偏旁大多趨向規範化，有的偏旁還保留篆體的寫法，如草頭、竹頭寫作「ψψ」、「↑↑」等；已經出現有連筆和草書式的筆法，如偏旁「走」寫作「[illegible]」等。從上述可以看到，「秦隸」脫胎於篆體文字的痕跡。

《老子》乙本屬漢隸，其特點是：結體方整，字體秀麗，筆墨飽滿；用筆已規範化，波筆、挑筆也成主要特色；字體富有變化，重心平穩，偏旁也能獨自成形；長短相聚，肥瘦結合；對筆畫少的字，用長粗挑、捺來加重字的體量感等。

秦隸在我國書法史上占有重要地位，因其上承大篆，下啓漢隸，起著承前啓後的作用。馬王堆漢墓出土的帛書竹簡，已予以充分的證明。

遺策八支

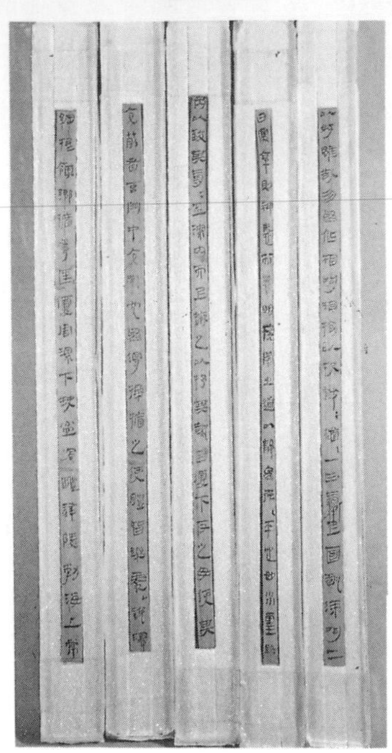

醫簡

（參考彩圖七九）

52.獨具風格的古瑟

中國具有歷史悠久的音樂文化，因此古代的樂器種類很多，且風格各異。如果按構造的質料區分，有金、石、土、革、絲、木、匏、竹等八類，因此過去曾把樂器稱爲「八音」。

在一、三號漢墓中，發現有瑟、竽、笛、琴、竽律等五種樂器，另外還有鐘、磬、筑等冥器，這些實物資料，對於研究我國音樂史有著極爲重要的意義。

首先談瑟。古代有「伏羲氏造瑟」的傳說，我國古代的《詩經》上有「琴瑟友之」的詩句，說明瑟的歷史十分久遠。春秋戰國時，鼓瑟吹竽風行一時，直到西漢還很流行。過去也有「湘靈鼓瑟」的故事，湘靈就是湘妃，傳說她是堯之女、舜之妻，舜到南方來巡視，突然病死於蒼梧，湘妃爲此十分悲慟，常鼓瑟以寄托自己的哀思。唐代詩人莊若納曾寫道：「帝子鳴金瑟，餘聲自抑揚，悲風絲上斷，流水曲中長。出沒游魚聽，逶迤彩鳳翔……至今聞古調，應恨滯三江。」傳說舜死後葬於九嶷山，其妻娥皇女英悲痛十分，淚灑竹上，成爲斑竹。今山上斑竹叢叢，人們看到它就想起了這古老的傳說。

據說公元四世紀從印度傳來一種曲頸琵琶，隋唐時期流行全國。同時傳統的瑟仍在民間流傳。但秦漢時的瑟沒人見過，近數十年在湖南長沙、湖北江陵、河南信陽等地共發現了十六具瑟，多數殘缺，獨馬王堆一號墓出土的保存仍十分完整，甚至連柱位也很清楚，所以這是我國現存最早的一具弦樂器。

這具瑟長一百一十六厘米，寬三十九點五厘米。瑟身下面底板兩端有兩個共鳴窗，其名爲首越和尾越。瑟面有首岳，尾端有外、中、內三條尾岳，用以繃弦。二十五根弦是用四股素絲搓成的，分別繫在尾端的木柄上。瑟很富於表現力，能表達人的思想感情。《後漢書·蔡邕傳》說，某位友人請他吃飯，他聽隔壁瑟音激昂，似有殺氣，遂離席而去。後被主人發覺，他據實以告。主人找鼓瑟人查問，原來他彈瑟時看到螳螂捕蟬，心有所思即形於指。蔡邕是東漢末年人，可見漢代四百年間，瑟一直在流行。至於瑟的彈奏方法後人總結爲：擘、托、抹、挑、勾、剔、打、摘、拂、層等，即用拇指、食指、中指或無名指單彈一弦，或連彈數弦。

總的來說，這批出土的漢代樂器，使我們進一步了解了漢代音樂文化的發展，也反映了漢代文化交流和民族大融合的狀況。

（參見彩圖八〇）

53. 竽與「濫竽充數」

竽作爲一種古樂器失傳已多年，因此很多人還是從「濫竽充數」這個古代成語上才知道它的。

馬王堆一號、三號漢墓各出一具竽。一號墓的竽保存完好，「遣策」上有記載。通長七十八厘米，用竹、木製成，有竽斗、竽嘴和二十二根竽管。竽斗、竽嘴都是木質的，並塗於絳色漆，竽嘴接在竽斗前側的正中間。二十二根竽管，都用直徑約八毫米的竹管製成。長者七十八厘米，最短的十四厘米，前後兩排的中心都是最長的管子，左右兩側各置五管，其長度依次遞減。前後兩排均用四至五道篾箍固定。兩支長管上各繫一條絳色羅綺帶。這一具竽是明器，因爲嘴與管不通，斗內無氣槽，竽管下端也無簧，上端無氣眼。

三號墓的竽已殘，但發現二十三個簧片和四組折疊管，在個別竽管上有氣眼和按孔，兩種竽結合研究，對其構造即一目了然。

這具竽的簧片，稱得上是世界上最早的簧片，是用小的薄竹片製成。最小的長一點一八厘米，寬零點四厘米，最大的長二點三五厘米、寬零點七五厘米。簧片是四邊坡形，中間剜去肉質，留下竹皮，再切開竹皮的三邊，只留下端與竹片相連，這和現在的笙簧相似。在幾個簧片上發現有銀白色小珠，這就是今日沿用之「點簧」，其作用是改變簧片的重量，調整振動的頻率以控制音高。竽管分單管和折疊管兩種。單管側邊有氣孔，下端有按孔，插入竽斗部分開著插口，用以按簧片。竽斗是用匏做成的。折疊管有四組，每組由長短不一的三根管並列粘合而成。三管的中間有孔相通。

竽的起源很久。《楚辭・九歌・東皇太一》說；「陳竽瑟兮浩倡，靈偃蹇兮姣服。」又〈招魂〉說：「竽瑟狂會，搷鳴鼓些。」《戰國策・齊策》說：「臨淄甚富而實，其民無不吹竽鼓瑟，擊筑彈琴。」先秦時期竽占有重要位置，漢唐時在音樂中的地位逐漸下降，只限在宮廷雅樂和接近雅樂的雲韻中使用。隋唐燕樂中竽已沒有地位。宋以後只有笙，人們反倒把笙稱作竽了。

下面再談一下竽律，這是一號墓出土，過去既未見史書

竽律及竽律袋

記載，也未見實物。竽律有十二管，以竹製成，最長的為十七點六五厘米，最短的十點一零厘米。分別裝在十二個筒形袋中，下部墨書十二律呂名稱，即：黃鐘、大呂、太簇、夾鐘、姑洗、仲呂、蕤賓、林鐘、夷則、南呂、無射、應鐘等。因各管尺度與音高不符合漢制，故斷定為明器。

《韓非子·解老》說：「竽也者，五聲之長也，故竽先則鐘瑟皆隨，竽唱則諸樂皆和。」足見當時竽在演奏中的重要地位，它既是主要的旋律樂器，又是諸樂的定音標準，因此要根據特製的竽律來調音。

最後我們來談「濫竽充數」的故事。《韓非子・內儲說》載：齊宣王(公元前三四二～前三二四年)「使人吹竽必三百人」。當時有一位南郭處士，自稱可以吹竽，宣王同意他參加樂隊，等宣王死後，湣王（公元前三〇一年）即位，他不喜歡許多人一齊吹，要求每人單吹。混跡其間的南郭處士，聽之大驚隨即避走，因此即成為「濫竽充數」的典故。這個歷史故事，對於高科技時代的今天來說仍有極大的現實教育意義。因為只有以科學態度老老實實地進行學習和工作，才能摘取豐碩果實，弄虛作假，必無善果。

（參見彩圖八一～八三）

54. 漢時盛行的「六博」

提起象棋凡炎黃子孫無不知曉，它早已是婦孺皆愛的一種娛樂工具了。實際上古代的「六博」，即今日之象棋的「祖先」。而「六博」的起源已經十分久遠了，據湖南博物館傅舉友先生的考證，「六博」很可能在商代就有了。《說文·竹部》簙，「古者烏曹作博」。烏曹係傳說中的人物已無從查考，而《史記·殷本紀》上說：「帝武乙無道，爲偶人謂之天神，與之博，令人爲行，天神不勝，乃僇辱之。」由此得知博的出現已十分久遠。

漢代是博戲的全盛時期，投箸的博與投煢的博同時進行。之後博隨著時代不斷變化，魏晉時，小博稱「雙陸」，大博雖已變化，但唐朝仍稱「六博」。唐韓愈〈送靈師〉詩說：「六博在一擲，梟盧叱迴旋」，即指「瓊」（骰子）在旋轉。之後，六博即不斷演變而爲今日之象棋。

在舊中國，很少發現博具，但近四十年來，通過考古發掘在秦漢墓中出現了不少博具；漢代的畫像石、畫像磚和畫像鏡上也經常發現其圖形。

在已發現的實物中，以長沙馬王堆三號漢墓出土的博具爲最齊全，它放在北邊箱的西頭，盛放在一個方形的漆盒裡，

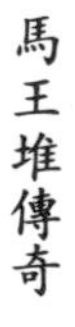

此盒邊長四十五點五厘米，高十七厘米，盒內有邊長四十五厘米，厚一點二厘米的方形木博局一件，博局塗以黑漆，上面用象牙條鑲成方框及十二個曲道和四個飛鳥圖案，有象牙棋十二顆，六個白的六個黑的，每顆長四點二厘米，寬二十二厘米，厚二點三厘米。另有灰色小象牙棋二十顆，筭(籌)四十二根，其中長的十二根，每根長二十二點七厘米，直徑零點四厘米。短的三十根，每根長十六點四厘米，直徑零點三厘米。還有十七點二厘米長的象牙削一件，灰黑色呈竹葉形，兩邊有刃中有木柄；環首象牙割刀一件，長二十二厘米。木煢（骰）一個，球形十八面，直徑四點五厘米，每面均有陰刻的篆體文字，一面刻「驕」，相對一面刻「䙾」，驕䙾二字可能是我們今天所說的贏輸二字，其餘分別刻寫一至十六，均塗以黑漆。博局在不用時即嵌放在盒內，用時再取出，因爲局與盒嵌合緊密，手指無法插進去，原來盒底有一孔，其中有活動的木栓，將木栓一頂，博局即可掀起，可見博局的製作是十分精巧的。

博戲在春秋、戰國及秦漢時即爲人們喜愛的一種娛樂活動。《戰國策・齊策》上說：「臨淄甚富而實，其民無不吹竽鼓瑟，……陸博蹹踘者。」西漢的文帝、景帝、武帝、昭帝、宣帝都喜愛博戲，因此在社會上十分流行。《史記・吳王濞列傳》上說：「孝文時，吳太子入見，得侍皇太子飲博。」這個皇太子就是後來的漢景帝。《婁春秋舊事》上也說：「倪寬爲漢司農卿，與太子博。」太子即漢昭帝，因此西漢還專門設置了「博侍詔官」。此時，不僅男子進行博戲，婦女也參與，甚至有用博具作嫁妝的。專門從事博戲的人叫「博徒」，就像現在請客吃飯必跳交誼舞一樣，那時的宴會則少不了博戲，有一首古歌曾予以描述:「玉樽延貴客, 入門黃金堂; 東廚具餚膳, 椎牛烹豬羊。主人前進酒, 琴瑟爲請商; 投壺對彈棋, 博奕並復行。」

關於六博的使用方法, 東漢時原有一本《博經》, 後來失傳了。根據有些書上引用的隻語片言, 以及畫像石、畫像磚上的圖像, 推測其戲法大致是: 兩人對坐, 一人執白棋, 一人用黑棋(也有棋子上畫上龍虎以示區別), 分別布於棋局十二道上, 然後滾動骰子, 依出現的數字走棋。棋局中的方框叫水, 這和現代棋盤上的「楚河漢界」差不多。「水」中置魚。宋代洪興祖在《楚辭·招魂》補注引《古博經》說:「二人互擲采(骰子)行棋, 棋行到時即豎之, 名爲驍棋, 即入水食魚, 亦名牽魚, 每牽一魚獲兩籌, 翻一魚獲二籌。」最後以獲籌多少決勝負, 馬王堆漢墓所出博具中沒有「魚」, 而是用「直食棋」。當時叫「投箸行棋」, 但棋如何走法, 尚待進一步考證。

陸　醫藥篇

繡枕

55. 古老的「經絡學」

在三號漢墓的帛書和竹簡中，有不少醫書豐富了祖國的醫學遺產，彌補了醫學史上的空白。由於缺乏材料，我國的經脈學說，在先秦時期發展變化的情況很不清楚，幸好此次發現了《足臂十一脈灸經》、《陰陽十一脈灸經》（有甲本、乙本兩種）、《脈法》及《陰陽症死候》等，都比較古老，它們和秦漢之際成書的《黃帝內經・靈樞・經脈》有密切關係。

《足臂》與《陰陽》的編寫體例、基本內容和《經脈》有很多相似處，但從內容上看，有由簡到繁的發展過程。如排成順序，爲《足臂》——《陰陽》——《經脈》，它們形成了經脈學發展的三個階段。前二者只有「脈」而沒有「經脈」的名稱。關於脈的循行方向，《足臂》中十一脈都是向心性的，一律從四肢末匯向軀體的胸腹部或頭面部，而《陰陽》中即有了變化，已經出現了手太陽脈和太陰脈，兩者都是遠心性的，由軀體中心流向四肢。到《經脈》即形成複雜的循行方向，即十二脈中有一半是向心性的，一半是遠心性的。在《足臂》和《陰陽》中，每條脈都各自獨立，互不相干，且均勻分布於體表；而到《經脈》，各脈不僅密布於體表，而且深入體內與臟腑相接，脈與脈之間也有表裡相對應的關係，形成周而復始的循環系統。總之，這三本古老的文獻，反映了人體經脈學說由單純到複雜、由低級到高級的發展過程。

針灸療法是我國古代勞動人民創造的一種獨特的醫療手段，它的特點是患病不需吃藥，只在人體的一定部位用細針刺或用火燒灼，通過局部的刺激達到治病的目的。前者叫針法，後者叫灸法，統稱爲針灸療法。從新石器時代開始，幾千年來，針灸療法始終是我國醫學中的一項重要醫療手段。它適用於多種病症的防治，效果明顯，療效迅速，具有良好的調節身體機能、提高抗病能力和鎮靜鎮痛的作用；且設備簡單，操縱容易，安全可靠，沒有其他副作用。《足臂十一脈灸經》記載，除了在經脈循行線上的各種疼痛、痙攣、麻木、腫傷等身體局部症狀以及口、鼻、眼、耳等器官症狀外，還有煩心、嗜臥、惡寒等全身症狀，皆可用灸法治療。

在當時，精通針灸療法的醫生已不少，被稱爲神醫的扁鵲即爲其中之一。數千年來，人們都傳說他有起死回生之術，簡直就是「神仙再世」。據說當他巡迴行醫來到虢國（現屬河南省）時，聽說這個國家的太子剛死。經詢問後，他根據多年的經驗，認爲可以救治。經過切脈診斷後，他認定是「屍厥」（即休克），立即以針灸、熱熨和湯藥治療，太子果然甦醒了過來。《漢書・藝文志》載有《扁鵲內經》、《扁鵲外經》等書目，可惜原書已失傳。這些帛書可以塡補這一空白。

《脈法》有：「以脈法明教下」之語，中間還講到砭法，因此可能是一位名醫用來教學生的教材。《陰陽脈死候》論述肉、骨、氣、血、筋等「五死」的不同症候。

時至今日，中國古老的針灸學已傳遍世界，造福人類，它和電流、激光（雷射）等結合後，更顯出了神奇的療效。

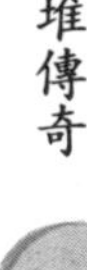

56. 最早的醫書——《五十二病方》

帛書中有一種醫方專著，過去史書上不見記載，可能成書於秦漢之際，現存一萬多字，共五十二題，每題治一症，每病有一二方或二十幾方，總計有醫方二百八十條。書中提到的疾病一百零八種，涉及到內科、外科、婦產科、兒科和五官科等。

內科方面有：

一、以肌肉痙攣爲主的疾病：如「傷痙」、「傷而痙」等，症狀是項背強直，牙關緊閉等，現在叫破傷風。

二、精神異常疾病：如「癲疾」和各種癇症。《黃帝內經》上也有癲疾。

三、以寒熱爲主的病：「痎」，可能是「痎」，即瘧疾。

四、小便不利病：「癃」，即癃，分石癃（尿道結石）、血癃（尿血）、膏癃（尿液粘稠）等。

五、小便異常病：「膏溺」，即小便混濁。

六、陰囊腫大症：有「腫囊」、「穨」等，即疝氣和睪丸腫大。

七、消化機能障礙病：「諸食病」等。

八、腸道寄生蟲病；「蟯蟲」等。

外科方面有：

一、外傷性疾病：有「金傷」、「刃傷」、「傷者」等名稱。還有「瘃」，即凍傷；「毒鳥啄」，即毒箭傷等。

二、化膿性疾病：有「癰」、「疽」兩類，其中「疽」又分「骨疽」、「肉疽」等。

三、體表潰瘍性疾病：「胻瘍」，即小腿部長瘡。

四、動物咬螫：有「狂犬嚙入」、「犬噬人」，還有「蚖」，即毒蛇咬傷；「蠆」，即蠍子螫傷。

五、肛門病：「牡痔」，即外痔；「牝痔」，即內痔。

六、皮膚病：「白瘈」，即白癜風之類；還有「疥」。

七、腫瘤：「疣」是體表的良性腫瘤，還有生於頸部的「癭」。

婦產科方面有子癇病等。

兒科方面有「嬰兒瘈」，即小兒驚風等。

五官科方面有「㾐」，爲眼病一類。

《五十二病方》是一種很古老的醫書，書中未見提及五行及陰陽學說，而這在《黃帝內經》中都有；在藥物的劑型方面，書中只提到丸劑，沒有提到膏劑、丹劑；在治療方法上，書中只有灸法、砭法而沒有針法。這表明，它成書早於《黃帝內經》。令人感興趣的是，在此書中一種病常有幾種不同的療法，不少醫方後面注明「已驗」、「嘗試」、「令」（即靈驗）等，說明其中有不少是從遠古流傳下來的。我們可以肯定，這是我國現存最早的一部醫書。

這本書在藥物學上的成就也很大，書中提到的藥物有二百四十二種，如果拿來和成書於公元一至二世紀的《神農本草經》相比較，大約有一半左右的藥名，在《本草》上看不

到。其藥物來源包括礦物類、草類、穀類、菜類、木類、禽類、獸類等等，甚至還有人髮、乳汁等。

現代醫學的外治法有理療，此書中也有許多類似的方法，如藥洗法、煙薰法、蒸氣薰法、熨法、砭法、按摩法、角法（即火罐療法、可治外痔）等。這是先人留給我們的寶貴遺產。

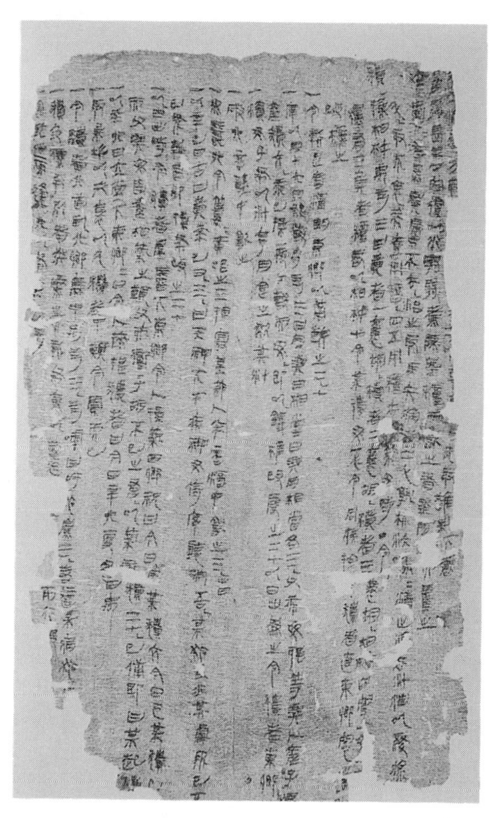

帛書《五十二病方》

57.世界最早的「性醫學」

王明輝先生曾以〈世界上第一部性研究專著〉爲題，在一九八八年的《科學博覽》上發表文章，之後又在《長沙晚報》上發表了〈馬王堆的「養生方」與性醫學的開拓〉。《楚風》雜誌於一九八九年的一、三、四期，連續刊載了周世榮的〈馬王堆醫書合陰陽方探秘〉、周一謀的〈我國古代的房中養生術——馬王堆醫書房中術與古代性醫學〉之二、〈馬王堆醫書中的「性愛學」——馬王堆房中術與古代性醫學〉之三。

上述文章的來源是什麼呢？原來馬王堆三號漢墓所出土的帛書中有十五種醫書，學者認爲此中屬於「房中書」的有七種，即：《養生方》、《雜療方》、《胎產書》、《十問》、《合陰陽》、《雜禁方》、《天下至道談》等。宋書功先生在其所著《中國古代房室養生集要》一書中曾作了系統研究。

現代人稱之爲「性科學」的學說，在我國古代稱爲房室養生之學、房事之學、房帷之學、房中之學，而簡稱爲「房中」。班固在《漢書·藝文志》中將房中學著作與醫經、經方及神仙類著作同入《方技略》中，即視作醫學，現代人也有稱作「性醫學」的。我國的性學研究已有二千餘年的歷史，如戰國時代的孟子就說過：「食、色，性也。」《禮記》上也說：

「飲食男女，人之大欲存焉。」於是歷代均有性學方面的著作傳世，如《黃庭經》、《素女經》、《玄女經》、《素女方》、《御女損益篇》、《房中補益》、《玉房秘訣》、《玉房指要》等等。總的看來，中國古代的性科學研究起源於周代，這從老子、孔孟等儒家和秦漢醫家的著述言論中可以看出來，它形成於秦漢，盛行於魏晉隋唐，但到了宋代遇到挫折，原因是宋代理學家從封建的意識形態出發，提出了「存天理，滅人欲」的思想，於是談論房室之事即被視爲大逆不道，研究房室之學就是犯罪行爲，從此性學成爲禁區，因此它只能在一種封閉式的狀態下流傳下來，至今已有千年，這是違背科學規律的非常現象。

從主體上說，我國古代房室養生學說，是以人體生命之學爲核心，而又關聯到生理學、心理學、遺傳學、教育學、社會學等許多學科。它所討論的內容，涉及到婚姻、性愛、子嗣、優生、胎教、醫藥除疾和養生長壽等許多學術問題。當然這些歷史著作中也有一些糟粕和僞科學成份是應該揚棄的。

帛書中的《十問》是寫在竹簡上的，全書假托黃帝、堯舜、禹等與醫家、術士等的相互問答，討論了房中保健問題。《合陰陽》一書也寫於竹簡上，書中論述的內容主要爲男女性生活方面的問題，即爲男女交合的原則和方法，其中提到「十動」，這是指性生活中之節奏，即每十次爲一動，累進至百。還有「十節」，即：「一曰虎游，二曰蟬柎（附），三曰尺蠖，四曰囷桷，五曰蝗磔，六曰猨捕（據），七曰瞻諸，八曰兎鶩，九曰青令（蜻蛉），十曰魚嘬。」等。這裡講的是模仿各種動物姿態的交合動作或可視爲房中的導引動作。另外還有「七損八益」之說，所謂七損即：一曰閉，二曰泄，三曰渴，四曰勿，五曰煩，六曰絕，七曰費。清人沈金鰲在《婦科玉尺》中說：「房中之事，能生人，能煞人。譬如水火，知用之者可以養生；不能用之者，則立屍矣。」七損就是說性生活要適時適度。「八益」：一曰治氣，二曰致沫，三曰智(知)時，四曰畜氣，五曰和沫，六曰竊氣，七曰寺贏，八曰定頃。又說：「善用八益去七孫（損），耳目聰明，身體輕利，陰氣益強，延年益壽，居處樂長。」

總的來說，馬王堆漢墓出土的《養生方》等著述，確是我國目前已發現的最早的性科學著作。

國際上公認近代性科學的研究始於一八八六年，奧地利人克拉夫特一埃賓，於本年出版了《性心理病》一書，爲現代性學奠下了基礎。從國內看，周恩來先生一直關心性科學的發展。一九六三年他即指示醫務工作者一定要把青春期的性衛生知識教給男女青少年，讓他們能用科學的知識來保護自己的健康，促進身體正常發育。之後又一再詢問此事，因此中國醫學科學院院長吳階平教授發表了〈和青年朋友談談性的知識〉等文章，，一九八八年又由徐紀敏主編了《性科學》一書。徐先生在本書的緒論中說：「性是生物繁衍的基礎。自然界因爲『發明』了性，才使大千世界充滿了蓬勃的生機，姹紫嫣紅、良辰美景……生物界的一切美，那一樣可以離開性呢？……。人類正由於有了性和性愛，才有男女兩性的結合，才有種族的延續和人類社會的發展。」性科學的重要性即由此可見。

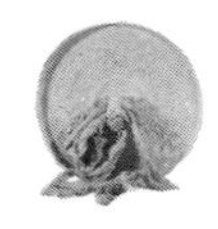

58.以香料爲主的中草藥

中草藥物標本主要出土於一號墓，它分別放置在不同的地方。有一個繡花枕頭，裡面裝的全是佩蘭，所以這個枕頭應該叫藥枕或香枕。有四個繡花香囊，也全部裝滿香料藥物，其中一個裝的是茅香，一個裝的是花椒，其餘兩個裝的是茅香配辛夷。有一個在出土時編號爲二百五十二的竹笥，裡面裝的全是茅香。有兩個熏爐，一個裝著茅香、高良薑、辛夷、

中草藥

藁本四種藥物，另一個裝著已經燃燒並炭化了的茅香，還有六個用絹做成的藥袋子，一個裝著花椒，另外五袋裝著花椒、茅香、桂皮、高良薑、薑等多種藥物，有的袋內還裝有藁本、辛夷和杜衡等。令人感興趣的是，這位貴婦人手裡緊握著兩個小絹包，裡面也裝有花椒、茅香、桂皮和高良薑等八種藥物，這很可能是她的家人爲她在陰間準備的供不時之需的藥物。

全部藥物經南京藥學院、中醫研究院等單位鑒定和分析，種類共九種，即茅香、高良薑、桂皮、花椒、辛夷、藁本、薑、杜衡、佩蘭，這些藥物，有一部分已收錄在我國的第一部藥書《神農本草經》，有一部分則在後來的本子中才看到。

專家們認爲，這些藥物大多含有揮發油，從加工和分裝來看，它們可能有兩種用途，一是用作香料，以茅香「辟穢」；一是治療丞相夫人生前患有的幾種疾病。

把香料裝在枕頭、絹囊和熏爐中，肯定是爲了「辟穢」，因爲史書記載，使用香囊、香枕和熏爐，是楚國人的傳統習俗，到漢朝，這種習俗仍然在延續。在《楚辭》中，有「紉秋蘭兮以爲佩」之句；古書上說，熏爐「終日焚之可以避瘟遠邪」；古人還說，茅香「作浴湯辟邪氣令人生香」。在兩千多年前，人們已經認識香料具有防腐、殺菌和去穢的作用了，這是了不起的發現。那時的人，已經學會種植香料作物，偉大的愛國詩人屈原在〈離騷〉中就寫到此事，按原詩的譯意是：

「我曾培植過大片春蘭，

又栽種了百來畝秋蕙，

田裡還有留荑和揭車（山藥之類），
夾雜種了些杜衡和芳芷……
盼望著它們的枝葉長茂盛了，
時機一到我就把它們收割，
我並不擔心這些草木枯萎零落，
我爲之悲哀的是它們荒蕪得太多。」

正由於以上原因，所以至今在湖南農村，每逢端午節到來，家家戶戶都要在房門上、屋檐下，掛上菖蒲和艾葉，做成小香囊掛在孩子的身上，據說這樣做可以避邪去穢。可見這一習俗是多麼古老！城裡人則早已點檀香、灑香水、用香皂。古今做法雖不同，但目的是一樣的。

六個絹袋裡的藥和手上絹包裡的藥，大多味辛溫，《本草綱目》上說這類藥可以除風濕寒痺利關節，治心腹冷痛、風頭疼、咳逆上氣。根據女屍解剖，我們知道她患有冠性病、膽石症等疾病，生前可能出現過心腹冷痛、風頭痛等症狀，因此要服用此類藥物。

漢初還出現過「桔井傳香」的故事，也是講香料治病的事。故事說桂陽郡（湖南郴縣）有一個人叫蘇耽，他生於漢惠帝五年（公元前一九〇年），出生時其母棄之於石洞（即郴州蘇仙嶺白鹿洞），當即有白鶴護體、白鹿哺乳。他騎鶴升仙之前對母親說：明年有瘟疫，庭前井水桔葉可治病。次年大疫，母親將桔葉投井中，救了不少人命。所以後來的藥店常在門口寫上「桔井泉香」，可見這個神話故事影響也很久遠。

這些古代藥物標本，對於研究漢時的醫事制度、藥物資源、藥用品種及藥物方法，都具有很重要的價值。

59.用以醫療保健的「導引圖」

三號墓出土了一幅「導引圖」，高約五十厘米，寬約一百厘米，上面分四排繪了四十四個人，有男有女有老有少，有的穿短衣短褲，有的穿長袍，也有光背的，大部分徒手，也有少數手持器械。這些人都是用工筆彩繪在絹帛上的，每一個人有一個運動姿態。圖畫原無標題，但從人物的運動姿態及所標文字內容來推定，這就是古代的「導引圖」。此圖是我國目前發現的最早的一幅健身圖，它爲研究我國古老而獨特的「導引」療法的源流提供了很有價值的資料。

我國古代的導引，是呼吸運動和軀體運動相結合的一種醫療體育方法。根據《莊子・刻意》李頤注：導引就是「導氣令和」、「引體會柔」。這一注解恰當地說明了組成導引這一運動的方法特點和要求。由於呼吸在此中占有重要地位，因此也稱爲「導引行氣」或「行氣」。這種導引術在春秋戰國時已經普及，在我國最早的醫藥文獻之一《黃帝內經》上即記載有「導引行氣」的方法。

《莊子・刻意》中說：「吹噓呼吸，吐故納新，熊經鳥伸，爲壽而已矣。此導引之士、養行之人、彭祖壽考者（彭祖得以長壽）之所好也。」後漢時崔定在《政論》中也提到「熊經

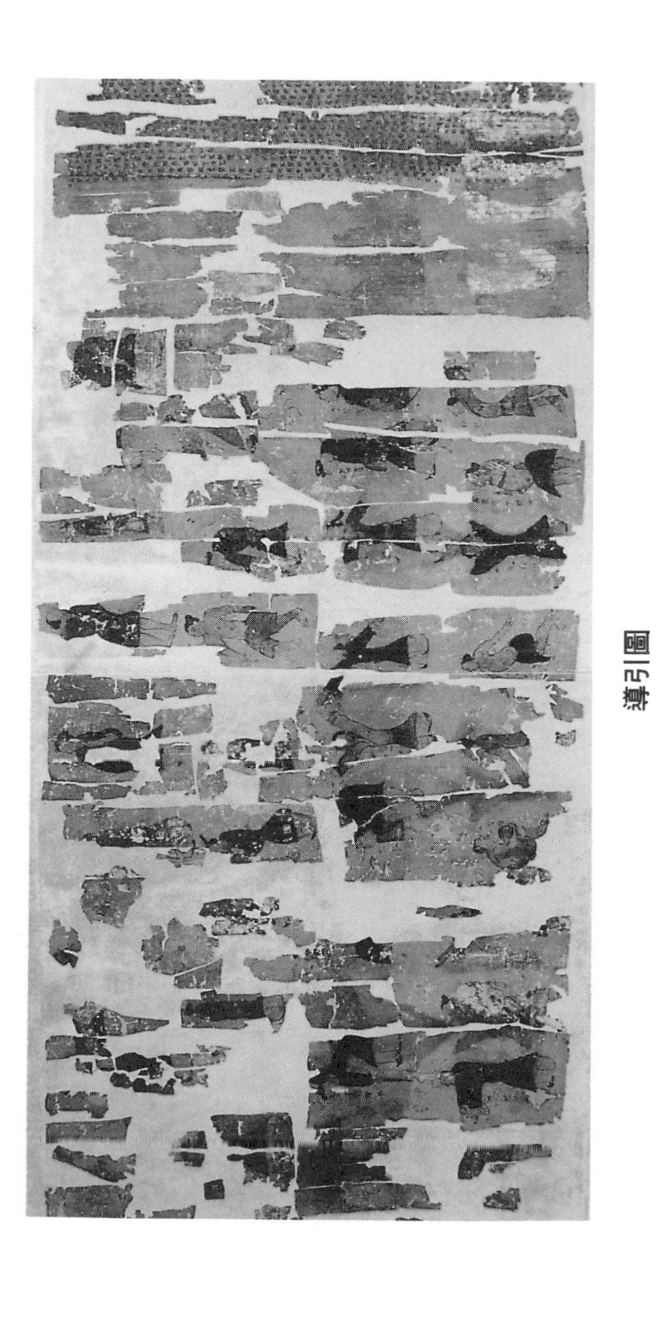

導引圖

鳥伸」和「吐故納新」在強身延年方面的作用，三國時的名醫華佗把導引術總結爲《五禽戲》，即「虎戲、鹿戲、熊戲、猿戲、鳥戲」。至今四川重慶等地還流行有「五禽圖」導引方法，很可能來源於《五禽戲》。

「導引圖」還有三十一處文字，內容大致可以分爲三類，一類描述運動姿態，有伸展、屈膝、體側、腹背、轉體、全身跳躍、舞蹈等肢體運動；有呼吸運動；有使用棒棍、沙袋、盤碟、球類的器械運動，例如圖中「以丈（杖）通陰陽」，所畫的是一個穿裙子的婦女，手執木棍，彎腰下俯，利用棍棒使雙手呈直線狀極力展開，以此來促使人體上半身位置下移，下半身位置相對上舉，以「調和陰陽」。第二類主要說明這些運動摹仿哪一類動物，如「螽北」（鷂背）、「蠪登」（龍登）、「篗�」（猿呼）、「熊經」、「沐猴灌」（獼猴喧鬧）等等。「熊經」，畫一男子穿長袍，摹仿笨熊爬樹；「信」畫一男子，赤背，著短褲，彎腰向前，兩手支地，兩腿緊靠，頭向前伸，兩眼正視前方，猶如小鳥舒展身體並呼吸空氣。第三類說明每種運動所針對的病症，數量最多也最重要。如「引聾」、「引胠責」（積）、「引項」、「引炅（熱）中」。「引」，就是用導引術來治療某種疾病。

類似的導引術，至今在陝西戶縣祖庵鎮一帶仍流行。那裡的「導引吐納功」和「導引圖」很相似，如導引吐納功繫腰，導引圖上三分之二的圖像也繫腰；呼吸法和導引圖一樣，採用「暴息法」，就是大呼大吸，力吐勁納；導引俱與「按喬」（按摩）相結合；兩者動作術式也有很多相同或相似之處，風格皆古樸粗獷。

（參見彩圖三七）

60. 品類繁多的古藥枕

一號漢墓出土竹簡中寫有「繡枕一」。後來在此墓的北邊箱中見到了此枕。長四十五厘米，寬十點五厘米，高十二厘米。兩頭用起毛錦，上下兩面用「信期繡」香色絹，而兩側卻用紅茱萸花紋錦。上下和兩側面的中部，各用紅線釘成四個十字形的穿心結，兩頭也各有一個十字結，以便固定枕芯。而枕內全部塡以佩蘭葉。

佩蘭是一種中藥，它是菊科植物，性平，味辛，功能是解暑化濕，主治暑濕內阻、頭暈胸痞、嘔吐等症。主要含有揮發油，葉內有香豆精、香豆酸、麝香草氫醌等成分。此類芳香植物在古代，除我國外，埃及、希臘、羅馬等國都已知道利用芳香植物了，時至今日，此種芳香產品用途極廣，如用於食品加香和調味；用於日用化學用品、衛生用品和化妝用品；用於合成香料及香煙、文具用品等。但是值得注意的是，至今仍使用於藥品中，如清涼油中的薄荷油、薄荷腦等即用香料調製。馬王堆漢墓出土的塡以佩蘭的繡花枕，我們可以肯定的說這是我國在考古工作中所發現的第一個藥枕。這說明遠在兩千多年前，人們即已知用香料藥草製成枕頭，使其芳香辟穢治病防病了。

據郭伯南先生在中國文物報上所發表的〈藥枕探源〉一文中，我們知道古代的藥枕不僅歷史很久，並且種類繁多，除上述佩蘭枕外，還有菊枕用以明目；豆枕能治失眠症；麝枕用以安神，防止惡夢；磁石枕能防治眼睛老花等等，由此可見藥枕用途甚廣。

史書上關於藥枕的記載和傳說甚多，如西漢司馬相如在〈長門賦〉中說：

「摶芬若以枕兮，席荃蘭而茝香。」

若即指「杜若」，又名「竹葉蓮」，是具有香氣的藥草，所以稱「芬若」，可治療蟲蛇咬傷，用以做藥枕，既能聞其香味，又可發揮藥用價值。晉人葛洪在其著作《神仙傳》中曾講到這樣一個故事。

「泰山父者，時漢武帝東巡，見父鋤於道，頭上白光高數尺。呼問之，對曰：有道士教臣作神枕，……臣行之，轉少，齒生。」

南朝梁人指出，其枕中有「泰山之藥」。可見，這個歷史故事中講的也是「藥枕」。南宋范浚曾詠香枕曰：「獨夜不眠香草枕」；楊萬里詩曰：「酴醿爲枕睡爲香」。晁以膺也有〈詠荼蘼花〉詞：

「風不定，
雨初晴，
曉來苔上拾殘英。
速教貯向鴛鴦枕，

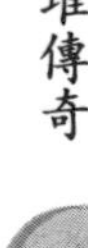

猶有餘香入。」

荼蘼花，一名獨步春，又叫佛見笑。二、三月開花，大朵千瓣，雪白清香。其中有一種色黃似酒，因此古人在其傍加上「酉」字。明代詩人朱之藩詩曰：

「無如藥裹最相安，熟寢通宵即大丹。」

據說清代的慈禧太后也喜用藥枕，每年都要人製做藥枕而常年使用。

目前市場上流行的「神農」牌保健藥枕，是成都市中草藥研究所和成都市保健用品廠聯合製作的。他們的「長壽」枕用於老年使其延緩衰老；「逍遙」枕用於中青年，使其消除疲勞，精力充沛；「益智」枕用於少年學子，使其安神益智增強抗病能力。

其治病的原理是，枕上藥枕後，頭溫及頭部壓力使藥物有效成份緩慢地散發出來，呼吸入肺，通過血液循環，輸向全身；持續作用於頭部經絡和穴位，促使全身經絡舒通，氣血流暢，臟腑安和；通過滲透的方式進入皮膚，使人體吸收。

總之，藥枕所用的原理，即《內經》等古藥籍上所說的「中藥用於外治」的道理。各位讀者未嘗不可一試。

61.方士、仙丹與貴婦人

從西漢古屍的解剖中，發現這位貴夫人體內的鉛、汞含量甚高。再從內棺上的T形帛畫中可以看到，在人間部分畫有一位貴夫人拄杖而行，後有三個侍女，前有二位男子跪迎，專家們認定，此二人即爲漢代的「方士」，他們各捧一案以酒食相迎，據說此種方士除平時「煉丹」之外，還是導引人們升仙的中間人和介紹人，由此可見，軑侯夫人生前和其他貴族一樣曾服用了不少「仙丹」，死後又祈求「方士」導引升天，幻想能成爲神仙而享受長生不老之樂。

方士是道士的前身，正是方士的神學思想及各種方術才構成了道教的基本內容。方士的神學思想和各種方術主要來源於殷商時期的鬼神崇拜和巫術、神仙信仰等觀念。從戰國至漢代，是方士異常活躍的時期，他們將君權神授、天人感應等思想理論化，形成了五德終始說等。

此時的方士中，還有專以追求神仙不死之藥的方仙道及將黃老之學神祕化的黃老道。

神仙信仰源遠流長，古人認爲服食不死之藥或者進行某種修煉便可白日升天、肉體長生、永享快樂。如《山海經・海外南經・海內西經》中就有關於不死之民、不死之藥的記

載。屈原在《楚辭・遠遊》中提到仙人卉松子、韓衆的登仙傳說。《莊子・逍遙遊》中具體描寫了神人那「肌膚若冰雪，淖約若處子」，「吸風飲露」，「遊乎四海之外」的風姿。由戰國到秦漢，統治者對神山仙境仙丹進行了狂熱的追求，此即爲方士活動提供了良機。爲秦始皇求仙藥的徐市(福)、盧生、侯生；向漢武帝獻卻老方的李少君，爲漢武帝求仙的欒大、公孫卿等，都是方士中的著名者。

方士煉丹的目的是用人工方法製作既可使人「長生」，又能用以「點金」。故有金丹術、煉金術、點金術等名稱。他們認爲人的肉體可借助於某種藥物而獲得永生。所謂「丹」原指丹砂，即硫化汞，後來則泛指「長生藥」、「點金藥」等各種藥物。中國的煉丹活動從公元前三世紀開始，到公元前一、二世紀即已盛行。煉丹包括煉金，因爲方士相信以黃金等「不敗朽」之物爲藥餌，可以使人長生不老，而人造的「黃金」更爲神效。東漢魏伯陽所著《周易參同契》是世界上現存最早的煉丹術理論書。晉代大煉丹家葛洪著有《抱朴子內篇》，對於漢晉以來的煉丹術作了詳細總結。葛洪說：

「若夫仙人以藥物養生，以術數延命，使內疾不生，外患不入，雖久視不死，舊身不敗，苟有其道，無以爲難也。」

又說：

「仙藥之上者丹砂，次則黃金，次則白銀，次則諸芝，次則五玉。」

以著《中國科學技術史》而聞名的英國學者李約瑟曾說，

化學起源於中國。他的這一說法即起源於煉丹。煉丹術者深信物質能轉化，他們把各類物質搭配燒煉進行實驗，爲此設計了各種器皿，如昇華器、蒸餾器、研缽等，也創造了實驗方法，如研磨、混合、溶解、結晶、灼燒、熔融、升華、密封等。許多器具和方法經過改造後仍然在今天的化學實驗室中沿用。在煉丹中發明了火藥及若干元素（如汞、鋅、砷、銻、磷等），製成了黃銅、白銅等合金還製出了許多化合物如明礬等，這些都爲近代化學的產生奠定了基礎。

中國的煉金術大約在八世紀時傳到阿拉伯，阿拉伯的煉金術又於十二世紀傳入歐洲，自此即爲封建帝王和教會所利用。如英王亨利六世僱用煉金術士三千多人，鑄出類似黃金的銅拿去鑄金幣。R·培根是使歐洲煉金術向醫藥化學過渡的先驅者。到了十五和十六世紀，煉金術實用到了醫藥和冶金方面，因此化學方法即得到了充分的發揮。

一九八四年我到羅馬尼亞訪問時，在西比烏市的一個醫藥博物館，曾看到展出一張十六世紀煉丹的照片。女館長米納杜若說：「歐洲的煉丹開始於十三世紀，目前，我們正在籌建一個煉丹實驗室，目的是想說明由煉丹術到現代化學的產生這樣一個歷史事實。」

從上述可以知道，從馬王堆漢墓的發現可以對歷史上的方士、煉丹術和現代化學的產生發展提出了有力的佐證。

從各種跡象看來，丞相夫人在生前是信仰過方士並服用過仙丹的。

柒　喪葬篇

殉葬木俑

62.三座漢墓有差異

長沙馬王堆三座漢墓都埋藏在同一個山丘上，從時間上看也基本是同時代，所使用棺槨制度也相差無多，但就其保存情況來說，卻相差甚大，難怪有不少觀衆在參觀馬王堆漢墓出土文物陳列時，經常提出這一疑問要求解答。

事實上，三座墓的保存狀況成爲階梯形，一號墓中一千多件隨葬品以及女屍幾乎完好無損地保存了二千餘年；三號墓一千多件隨葬品，有相當一部分保存較好，而屍體也留下了人骨架；二號墓保存情況最差，四百多件隨葬品，絕大部分損壞，軑侯利蒼不僅沒有留下人骨架，甚至不易腐敗的頭髮和牙齒也不見蹤影。

現在分析起來看，此中既有自然因素也有社會因素。

在南方從戰國到西漢時期，凡是保存得比較好的墓，都是由於深埋和密封造成的，這從湖北荆州地區和長沙地區發掘的數千座楚墓和漢墓中可以得出結論。比如保存好的馬王堆一號墓，從墓底到封土堆頂部，深達二十米以上，據有關專家測定在如此深埋的墓坑中，其常年溫度可保持攝氏十八度左右，因此一些有機物質即可長期保存。從密閉條件方面看，最起關鍵作用的是白膏泥。白膏泥的化學成分是二氧化硅（SiO_2）、三氧化二鋁（Al_2O_3）、氧化鐵（Fe_2O_3）以及硫（S）、鈣（Ca）、鎂（Mg）、鈉（Na）、鉀（K）等。礦物成分有石英、白雲母和高嶺石等。簡單的說，是一種含有雜質的高嶺土。它的特點是粘性很強，可塑性很好，三號墓發掘之初，地質研究部門曾在發掘現場進行白膏泥滲水率實驗，結果二十四小時內，滲水率等於零。一號墓用白膏泥密封得很好，厚處一點三米，最薄處也有六十公分。再則，軑侯夫人在生前，早已將棺槨做好，墓坑挖好，屍體的包裹衣衾都準備齊全，故死後，很快即進行包裹，然後入殮，裝入四層棺木之後，再用漆膠合棺蓋進行密封，然後下葬。再一個條件是她死得最晚，應在其子死亡之後，即公元前一六八年以後，當時已進入「文景之治」的興盛時期，故其一切喪葬制度都按列侯一級辦理。由於上述原因，其墓就得到了完善的保存。

二號墓是長沙國丞相利蒼，他死得很早，埋葬於公元前一八六年，比其妻大約早死二十年以上。當時楚漢戰爭結束不是太久，社會經濟遭到嚴重破壞。史書上說，漢初，皇帝出行，要找四匹相同顏色的馬拉車都十分困難。一些將相大臣，往往還得坐牛車。因此利蒼的墳墓構築與埋葬條件都比較差，比如墓坑較小，且深度比一、三號墓都淺，尤其是白膏泥既薄使用上也不夠均勻，再加上數次被盜，因此密封的白膏泥層早已遭到破壞。故屍體、隨葬物品均已腐蝕損壞。在墓頂正中有一個盜坑，其中有唐時長沙窯燒造的碗，此墓沒有盜到底，但多年盜坑進水也足以破壞墓室的密閉功能。

三號墓墓主人是一位帶兵的將軍，從出土的長沙國南部駐軍圖看來，他也可能是駐守邊境的武官，從人骨架鑑定他

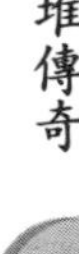

的死亡年齡不超過三十六歲，也就說他是壯年死亡。從他的墓坑構築及墓內的T形帛圖等處看來，都很粗糙，足證死後才臨時掘墓製棺，因此入殮時，屍體可能已開始腐敗，入殮後等墓坑構築好再下葬，一切有機物的保存即受到很大影響。尤其是白膏泥密閉不好，也是其主要原因，比如此墓的槨上，白膏泥高達三米厚，那一柄帶把的鐵臿，正是因爲封護在如此深厚的白膏泥中才得以保存下來。可是在發掘過程中發現墓底的白膏泥卻很稀薄，尤其在墓坑的東南角上，竟然有一米多長數十厘米寬的地方只有木炭而無白膏泥，這就使槨室的密封中留下了窗口，因此不知何時地下水曾浸入墓中，使隨葬的農畜產品、食品腐蝕無餘，使衆多的衣物和絲織品也受到嚴重損害。因此屍體腐爛自在情理之中。此墓上層密封如此完好，而在墓坑的一角留下了缺口，是何原因令人費解。記得在發掘現場，有人提出：可能是停屍家中，其家吏強迫農民日夜加班挖掘墳墓，引起了勞動人民的不滿，故在監工站立在墓坑上無法看到的地方，有意留下這個漏洞，以示報復，我也認爲不無道理。

我認爲以上就是三個漢墓保存不一的主要原因。

63.覆斗形的大墓坑

漢代的貴族都實行高墳厚葬，死後要「穿復土，起冢」。《漢書》〈景帝紀〉、〈霍光傳〉中都有記載。

馬王堆三座漢墓是建在一個土丘上，三者中間，就其深度和廣度來說，以一號墓最爲典型。現在即選一號墓加以介紹。此墓由封土、墓坑、墓室和墓道等四部分組成。從形制上說屬於長方形土坑豎穴墓，方向是正北。從封土頂到墓室底，深二十點五零米。

這裡原是一片高四、五米的小土丘，故墳墓的上半部是在土丘上堆土夯築的，下半部是挖土爲穴，實際上挖的深度爲八點八米，其上部就是堆土版築的。這大概就是史書上所講的「穿復土，起冢」。《周禮·春官·冢人》鄭注：「漢律曰：列侯墳高四丈，關內侯以下至庶人各有差。」這說明漢代上層階級對於墳墓的高低也有明文規定。這個墓高出土丘約十二米（約合漢制五丈餘），可能是和這個規定有關。

封土堆是圓形，中間較平，發掘時，土中埋有不少木柱，據說五十年代住地的幹部療養院，擅自平土埋樁，擬在墳頂上蓋亭閣，供病人到此休息娛樂，因爲此墓屬省級文物保護單位，文物管理委員會發現後予以制止。因此封土堆曾遭到

一定的破壞。封土的下部分經過夯打，封土與墓坑的交接處有厚約二十釐米的白膏泥層。

墓道在墓坑北向正中間，因前面建有一座樓房，因此只發掘八米長，墓道上口寬五點四米，距上口二點二米處，設有二層臺階，墓道底部是臺階式，靠墓坑二米處改爲斜坡，上鋪一層樹皮並有脚窩一個。

墓口南北長十九點五米，東西寬十七點八米，墓口往下有四層臺階，每一層均逐漸向內收縮，比如第一層南北長十六點八米，東西寬十五點四二米，第四層即縮至南北長十點三四米，東西寬八點四五米，臺階的高度是一～一點一五米。臺階平整光滑。

四層臺階以下就是斗形坑壁，直抵墓底。爲了能容納巨大的槨室和大量的木炭、白膏泥，所以在距墓底三點八米處，再向四壁挖進去三十厘米，這樣就形成了一個南北長七點六米，東西寬六點七米的寬闊的墓室。發掘時，在墓坑的東北角上發現了一個鐵口臿，這是挖墓時所使用的掘土工具，可能是帶柄投入的，木柄腐朽後只留下了鐵臿頭。

一號墓的墓坑中發現兩個盜洞。一個是圓形，直徑爲一點一五米，洞口開在封土堆的東北角上，深穿十七米直達白膏泥層。另一個盜洞是長方形，長一點五米，寬八十厘米，掘進六米後停止了，這兩個盜洞都是半途而廢了，因此墓室得以完整地保存下來，這確是一大幸事。

龐大的木槨正好放在墓室的正中間，出土時，人們發現槨板頂上鋪了一層竹席，二十六塊席子分作四行鋪設，互相銜接不露槨板，中間兩行是直鋪，各五幅，兩側邊是橫鋪，各八幅。

此墓的發掘一共用了三千九百個工作日，出土量高達六千多立方米。像如此巨大而完整的墓坑，在過去的田野考古史上是少見的。故當時我們曾力主上蓋棚頂加以保護，以供國內外群衆參觀，但因當時經費拮据，數度向上級申請，均被否決，直到發掘三號墓時，將其中塡土倒入一號墓坑，予以塡平。後來雖然保留了三號墓坑，但至今我們仍引以爲憾。

64. 驚人的「地下宮殿」

一號漢墓墓坑中的塡土挖完後，地上露出了白膏泥。經驗豐富的老技工任全生高興地說:「這墓是完整的，肯定有好東西。」他這一說，大家精神爲之一振。白膏泥的學名是微晶高嶺土，白中透青，又軟又粘，墓中這種泥土層厚達一點三米，大家一鏟一鏟、一筐一筐地挖，費了很大力氣才把它挖出來。這時又發現一片烏黑的木炭，從上下左右包圍了整個棺木，數量多得驚人，整整裝滿了四輛卡車，至少有五千公斤。之後，露出了黃色竹席，方方正正的一共有二十六塊，奇怪的是，每個角上都用墨書寫了一個「家」字。揭去席子，一個灰白色的龐然大物出現了，原來是一個很大的槨室，長六點七二米，寬四點八八米，高二點八米。看到這個完整無損的大傢伙，所有在場的人都驚呆了。因爲，即或是從事考古工作幾十年的人，也是第一次看到這麼大的槨室。

揭開層層蓋板後，圍著棺室的四個槨箱出現了，它的結構像個「井」字，有點像北方的四合院。我們不妨當它是一座古代的地下宮殿。死者頭朝北腳朝南，所以頭箱在北，腳箱在南，左右還有兩個邊箱。頭箱猶如堂屋，可以理解爲「正殿」。因爲是墓主人生活起居之地，所以比較寬大，地下鋪竹席，四周圍以絲幔。頭箱的擺設實屬罕見，兩側擺著漢代上層人物常用的色彩鮮艷的漆屏風、漆几、繡花枕頭和兩個稱爲漆奩的化妝盒。這裡代表女主人的臥室。中間一段有漆鈁、漆勺和陶壺等盛酒的器具，一個漆案上放著漆卮、耳杯和盛有各種食物的小漆盤等等，顯然是主人宴飲進食的處所，東側有十個造型優美的女侍俑，是貼身丫頭；另有八個梳垂髻的歌舞俑和五個跪坐式的樂俑，它們組成了一個家庭歌舞團。這說明墓主人生前過著鐘鳴鼎食、豪華奢侈的生活。

東西兩個槨箱猶如廂房，多爲奴婢的住室和貯藏室。東邊箱有六個木俑和一個頭帶高冠身穿錦衣的「家丞」，它的腳下寫著「冠人」二字，用現代話說，就是大管家；另外還有五十九個立俑，他們是一般傭人，餘下即爲鼎、盒、罐等漆器和陶器，這些都是墓主人宴請賓客的禮器和用具。這些漆器，種類衆多，光彩奪目，實爲罕見之珍品。

足箱內一個「家丞」率領三十九個立俑，餘爲鐘、鈁、釜、甑等陶器，我們可以把這裡視爲廚室和奴婢的住房。

西邊箱很特殊，它既是主人的貯藏室，又是錢庫，因爲這裡堆放著三十三個竹笥(箱子)，其中存有主人的絲綢衣服、肉食品和中草藥等，還有四十四簍泥半兩錢(冥幣)。另外是樂器和裝在麻袋的糧食等等。

槨箱高一點四四米，下面還有數十厘米的水，要想把這一千三百多件文物全部取上來，十分不易。於是我們設法用腰帶繫住幾位老發掘工，讓他們俯下身去小心翼翼地提取物品，所以把全部文物取上來也是一項艱辛的勞動。

看了這一物品的擺設場面，還有誰能不說它是一個神祕的地下宮殿呢？

（參見彩圖一）

65. 世界第一的大槨室

七十年代，我在湖南博物館工作時，曾接待一個日本工人代表團前來參觀，當進入馬王堆漢墓棺槨陳列廳的大門時，走在前面的團長不禁大聲說：「這眞是世界第一。」雖已時過近二十年，至目前爲止，尙未發現國內外在考古發掘中見到比這更大更完整的木槨了，因此至今，它仍然是「世界第一」。我想這第一，不僅是指它形體巨大，而木材保存之完好也應該是第一。據有關研究部門說，世界木材保存最久的是三百年的歷史，而此木槨細胞結構仍屬完整，它的壽命已有二千多年了。

一號墓的葬具由槨室、四層套棺和墊木組成。共用木板七十塊，折合成成材是五十二立方米，最大的木板是東西兩個側板，長四點八四米，寬一點五二米，厚二十六厘米，重約一千五百公斤。當時鋸子很小，尙無現代所用的「龍鋸」或電鋸，這樣大的木材是怎樣加工的呢？據分析是從原始森林把大樹運來，按所需長度砍斷，再用楔形工具將圓木分成兩半，然後用斧錛加工成兩塊板子，所以有經驗的木工師傅估算，做這樣一套棺槨，原木必須要用二百立方米以上，這是多麼驚人的一個數字啊！就這麼一套巨大的棺槨，全用扣接、套榫、栓釘結合而成，人們在七十塊木板上找不到一顆金屬釘子，這眞像傳說中的「魯班」那樣的能工巧匠的傑作。

《禮記·喪服志》上說：「君松槨，大夫柏槨，士雜木槨。」而這個木槨卻用的杉木，看上去不合禮制，實際那時的湖湘大地上，到處是參天般的杉木林，這不過是就地取材罷了。

古人稱「槨」有兩種含義，一是指外棺，一是指槨室。兩者的區別是，槨室是用厚木板在墓坑中搭成的，外棺則是預做一個木匣子，套住內棺埋入地下。因此我們在這裡使用「槨室」一詞。

這個槨室的結構是，下面墊上三根枕木，而枕木中間作成凹槽，每根長四點三二米，寬四十四點五厘米，兩頭厚四十二厘米，這比目前所見到的鐵道枕木要大得多。枕木之上放底板兩層，下層底板三塊，縱列平鋪在墊木上，板長五點四米，厚二十八厘米。上層底板五塊，橫列平鋪下層底板之上，五塊板的總寬度是五點五米。

八塊巨大的壁板，豎立在底板四周，分作內外兩層，每四塊壁板相接處，都用「T」形暗榫套合。東西兩塊壁板，長四點八四米，高一點五二米，厚二十六厘米。南北壁板長四點三八米，高一點五二米，厚二十七厘米。槨室的內壁，我們稱其爲隔板，它比外層壁板略小。這內外兩層壁板即構成了四個邊箱。東、西、南三個邊箱大小相同，長二點九六米，寬四十六厘米。北邊箱十分特殊，長度不變，但寬到九十二厘米，大了一倍。四個邊箱的總面積是六點八平方米，其總體積是九點七九立方米。因此這一千多件隨葬品就放置在這四個廣闊的邊箱裡。

隔板裡面是棺房，長二點九六米，寬一點五二米，四層

套棺正好放得下。

再上面還有三層板子，即用七塊較薄的板子蓋在棺房和邊箱之上，再用八塊木板組成第二層蓋板，它的上面還有一層蓋板，末層蓋板的四周加上木框，這樣就構成了一個完整的槨室。

胡培翬在《儀禮正義》中說，「蓋槨周於棺，其形方，又空其中，以俟下棺。有似於井，故云井槨。」因此我們稱之爲井槨，信陽長臺關一號楚墓和長沙砂子塘西漢墓的木槨也如此，可見符合漢時習俗。

（參見彩圖二）

66.仙人怪獸飾大棺

等級森嚴是封建社會的特徵，這在棺槨制度上也如此。馬王堆一號漢墓的棺槨最完整最華麗，因此有必要予以介紹。

《禮記·檀弓上》說：「天子之棺四重」，鄭玄注說：「諸公三重，諸侯再重，大夫一重，士不重。」這裡所說的「一重」就是兩層。《莊子·天下篇》說：「天子棺槨七重，諸侯五重，大夫三重，士再重。」《禮記》只講棺不講槨，而《莊子》是棺槨一起講，故一號墓的棺槨制度完全符合後一個說法。現在著重談談四層套棺。

首層爲黑漆素棺，長二點九五米，寬一點五米，通高一點四四米，確是一個龐然大物。內塗朱漆，外塗棕黑色油漆，素面沒有紋飾。因此不予贅述。下面分別講一下其他三棺。

黑地彩繪棺屬第二層，長二點五六米，寬一點一八米，通高一點一四米。棺內塗著朱漆。棺外以黑漆爲地，彩繪了複雜多變的雲氣紋，穿插其間的仙人怪獸共一百一十一個。

蓋板四邊飾帶狀捲雲紋，其餘各面四周都有以流雲爲中心的帶狀圖案。蓋板及左右兩側面的雲氣紋均爲六組，上下兩列，每列三組；頭擋和足擋上的雲氣紋均爲四組，上下兩列，每列二組。

對這些畫的內容，河南師範學院孫作雲教授在其生前曾作過考釋。他認爲，第一，是對蛇的防禦。如棺蓋的右上角，畫一鶩，低頭尋覓；次在上部當中，畫一鶩見一蛇；最後在左端，有鶩銜一蛇喂一有頭獸，張口、翹舌而人立的怪物；然後在右方又一同樣怪物，以手持蛇；另一怪物吞蛇。此可能象徵地下主神——土伯，土伯是吃蛇的。西晉崔豹在《古今注》中說：「扶老，禿鶩也，似鶴而大，大者頭高八尺，善與人鬥，好啖蛇。」

古人深恐蛇鑽入屍體，故用種種方法防禦之。長沙楚墓中曾出土有鶩踐蛇木雕像，其思想根源應出一轍。

第二是土伯與鎮墓獸。足擋上有怪物獸頭、鹿角，像人一樣立著，在屈膝彎弓而射，其上一同類神怪，手中拿戈，蹲坐而仰視；猶如一瞭望哨。左方又一神怪，走在行雲中，而且回顧。射箭和執戈，都表示抵禦不祥。瞭望和回顧，當是搜索鬼物。其餘諸怪，都呈現著追逐、奔走和騰躍的狀態，有的可能是土伯，有的是其部屬。據說「方相氏」曾率領有十二神獸。孫作雲先生認爲頭戴鹿角者也是土伯。宋玉在〈招魂〉中說：「魂兮歸來，君無下此幽都些；土伯九約，其角觺觺些。」宋玉是楚人，所處時代與西漢不遠，故所反映的都是楚國風俗。

據說禹即土伯，且名「勾龍」，故棺上龍頭怪人像可能是大禹像，即保持了他在原始社會末期當酋長的形象。孫先生還認爲土伯與鎮墓獸可能是同類。因爲其任務都是鎮壓墓中的鬼怪，保護墓中的死者，再說其形狀又很相似。

第三是神豹守衛。蓋板中間左方畫一個羊撫一個豹，右側板上又一個翹首巡視的豹，其他處也有豹。T形帛畫上曾有神豹守「天闕」。宋玉在〈招魂〉上說:「虎豹九關」,王逸注說:「言天門凡有九重,使神虎豹執其關閉。」

第四是羊與麒麟。羊撫神豹,叫豹出來給死者守衛,說明羊是善良的動物,是吉祥的象徵。羊在此棺有許多處表現。《說文解字》說:「羊,祥也。」漢代銅銑上曾有「大吉羊」銘文。右側板上有一獸,長尾有角,其身似鹿,這應是麒麟。《說文解字》說:「麒麟,仁獸也,馬身、牛尾、肉角。」

第五是鶴呼吸與導引術。鶴是古人崇拜的神物,古人相信,人升仙時有鶴伴隨。故棺上有羊騎鶴形象。在足擋與左側板上有兩鶴引頸吐氣。實際上這是仙家的導引術。華佗的《五禽戲》可能即本於此。

第六是仙人騎鹿,仙人樂舞。右側上有仙人騎鹿,鹿也是神物,古人認爲騎白鹿可升仙。

頭擋上有仙人樂舞,有人鼓瑟,有人跳躍,有人進行「鐸舞」。頭擋靠近死者頭部,這是古人迷信靈魂升天要從此處出發的緣故。

對於孫先生的文章也有不同的看法,我們認爲把畫面上的若干形象與歷史文獻中的片斷記載相比附,是容易的,但要把畫面的全部內容聯繫起來作較爲確切的解釋,卻相當困難。於是,我們把全棺拍成照片,放大之後,依次編號,送給郭沫若院長,我們希望這位中國考古界的鼻祖之一,能作出詳盡解釋。不料,送去不多時日,郭沫若先生也乘鶴仙逝,因此至今尚屬疑案。

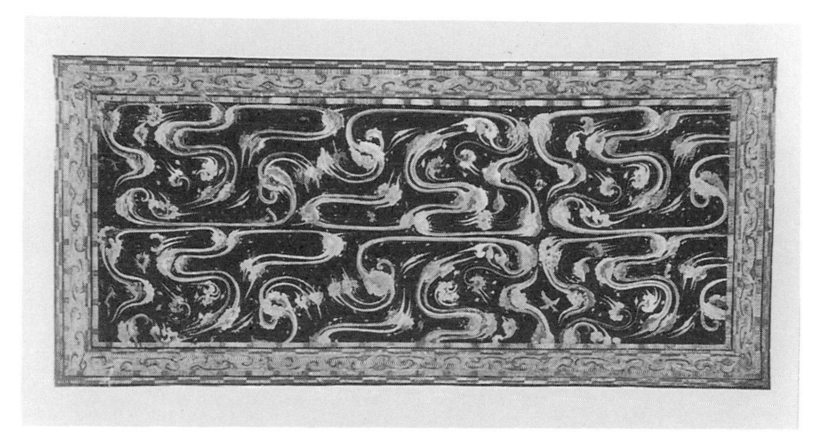

黑地彩繪棺蓋板

黑地彩繪棺左側面

黑地彩繪棺頭擋

黑地彩繪棺足擋

朱地彩繪棺頭擋

朱地彩繪棺足擋

（參見彩圖三～五）

67.「龍虎搏鬥」彩繪棺

第三層棺是朱地彩繪棺，長二點三米，寬九十二厘米，通高八十九厘米。此棺內外都塗朱漆，但在棺外的朱漆地子上，又用青綠、粉褐、藕褐、黃白等十分明亮的色調，彩繪成龍虎、朱雀、鹿和仙人等「祥瑞」的圖象。

頭擋的正中間畫的是一座圖案化的高山，山呈一種等腰三角形，山的兩側各畫一頭鹿，昂首跳躍，很有生氣，周圍有繚繞的雲氣，右側面也繪有一座赤色的山，和頭擋不同之處是兩邊各有一條粉褐色的龍，龍頭向上，龍體波浪起伏。另外還有虎、鹿、朱雀和仙人。上述這兩座山不是一般的山，而是「仙山」。《山海經·海內西經》上說：「海內崑崙之虛在西北，帝之下都。崑崙之虛方八百里，高萬仞；……百神之所在。」《淮南子·地形篇》說：「崑崙之丘，或上倍之，是謂涼風之山，登之而不死；或上倍之，是謂懸圃，登之乃靈，能使風雨；或上倍之，乃維上天，登之乃仙，是謂太帝之居。」由此可見在棺上繪仙山，反映了墓主人企求死後能登山而成仙的思想。

足擋畫的是「二龍穿壁」圖案。畫的中央是白色穀壁，兩條粉褐色的長龍，披麟甲而長鳳羽，巨目利牙，虎爪蛇尾，身體捲曲穿壁而過，龍首相向於壁上方。無獨有偶，棺蓋上畫的是二龍二虎相鬥。二龍兩頭相向居於畫中，龍身各向兩側蟠繞。兩虎卻是相背於二龍中間，分別攀附在龍頭之下，張口咬著龍身。龍是粉褐色，身披鱗甲而有三角弧形斑紋，而虎卻是赤褐色。

右側面很特殊，畫面全是繁複的勾連雲紋，而沒有動物或人物形象。

朱地彩繪棺上一共繪有六條龍、三隻虎、三隻鹿、一隻鳳和一位仙人。其用意何在呢？龍、虎、鹿和朱雀，在我國古代都被稱爲「瑞獸」，被列爲「四神」或「四靈」。關於四方神靈的說法由來已久，《禮記·曲禮》上說：「行前朱鳥而後玄武，左青龍而右白虎。」《禮記·禮運》有「麟、鳳、龜、龍謂之四靈」的記載，代表中央的麟，實際上是鹿的一種，通過考古發掘所見到的四神形象，都在東漢之後，因此這裡沒有「玄武」，可能把龍、虎、朱雀和鹿是作爲「祥瑞」的象徵。又因爲《漢書·佞幸傳》上說，董賢死後，「以沙畫棺（顏注：『以朱砂塗之，而又雕畫也』），四時之色，左蒼龍，右白虎，上著金銀日月。」因此，這一類紋飾的棺，是當時統治階級所喜愛的葬具。

也有人認爲，龍虎鬥的形象過去少見，因此聯繫到古代的圖騰崇拜來加以解釋。即古時，吳、越人以龍爲圖騰，巴人崇拜虎，楚人崇拜鳳，因此過去，凡是鳳鬥龍、虎的圖象，就象徵著楚人戰勝吳、越、巴人。但秦統一之後，圖騰也趨於一致，因此這裡的昔日圖騰，可能是包含著死者靈魂乘蒼龍跨瑞獸飛升上天的意義。

(參見彩圖六)

68.羽毛錦飾貼內棺

第四層棺叫「錦飾內棺」。此棺長二點零二米，寬六十九厘米，通高六十三厘米，此棺的重要性在於它正是軑侯夫人盛屍之處，而且它的裝飾又不同於其他棺木，這是一件十分罕見的珍品。

此棺內塗紅漆，外髹黑漆，蓋棺之後，在黑漆層外面，橫纏了兩道十二厘米寬的帛束，每道六、七層，然後在蓋板和四壁板上，分別粘貼一層帶菱形勾連紋的貼毛錦。板壁外所貼菱花貼毛錦的周邊，又加飾一條寬十二厘米的鋪絨繡錦，

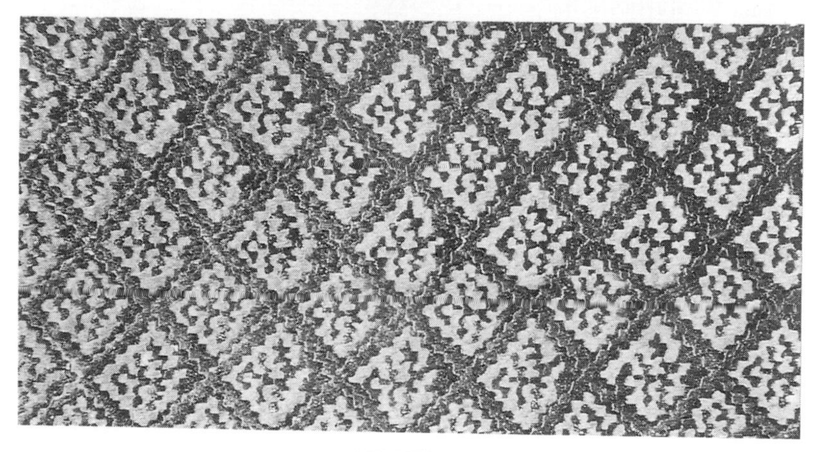

鋪絨繡錦

中間又橫貼一道，即貼成「日」字形。

鋪絨繡錦，是以煙色絹爲地，用朱紅、黑、煙三色絲線繡成。用平針滿繡手法，因此針腳顯得十分整齊，繡線排列得也十分均勻，因此地子的織物就露不出來。這些圖案是長寬各四厘米的黑色斜方格，內部又塡以紅地煙色花紋。經過研究發現其繡製的順序是，第一步繡下黑色斜方格，再繡以紅地，最後繡上煙色花紋。這裡用的繡線也很特別，非常纖細，其直徑只有零點一毫米左右（其他刺繡品用的繡線，一般直徑爲零點五～一毫米）。此種鋪絨繡錦，繡工十分熟練，這足以證明它已流傳多年。此類早期鋪絨繡的實物，過去還從未發現過。

另一種裝飾是菱花貼毛錦，它的加工方法，經初步研究，可能是先把絹砑光並上漿處理，再用紅、黑的顏色描繪出菱形圖案當地子，然後則分別順貼桔紅、青黑二色羽毛，在這兩種顏色的羽毛之間，又貼上寬二點八毫米的條絹，這樣就可以明顯地現出差別來；而每片中央和兩側的柿蒂等形花飾，則是用貼上羽毛的一定形狀絹片另外附加的。這種傑出

菱花貼毛錦

的貼毛錦，工藝水平十分精湛，過去也從來沒有發現過。

《禮記·喪服大記》上說：「君蓋用漆，三衽三束。大夫蓋用漆，二衽二束。士蓋不用漆，二衽二束。」鄭注：「用漆者，塗合牝牡之中也。衽，小要也。」孔疏：「束謂以皮束棺也，棺兩邊各三衽，每當衽上輒以牛皮束之。」而長沙地區歷年發現的棺，蓋都是「用漆」，也有「三束」，但沒見到衽，束也不是用的牛皮，而是用的帛、葛或麻繩。比如過去所發掘的戰國墓中，五里牌四〇六號墓的棺，用葛布緘封，縱二道橫三道；仰天湖二十五號墓的棺，用帛橫纏三道，帛上再繞以繩子。

至於棺外用絲織品裝飾，過去還從來沒有發現過。一九五八年長沙烈士公園三號墓的棺，棺內的四壁貼有絲繡。《禮記·喪服大記》上說：「君裡棺用朱綠。」孔疏以爲：「裡棺謂以繒貼棺裡也，朱繒貼四方，以綠繒貼四角。」上述烈士公園三號墓的棺，其裡飾符合這一情況，但與錦飾內棺沒有關係。《左傳・成公二年》：「八月，宋文公卒，始厚葬，……棺有翰檜。」杜注：「翰，旁飾。檜，上飾。」這也可能與此錦飾內棺相類似。不過宋文公的棺上究竟飾用的什麼東西，卻無從知曉。

正因爲此種錦飾，尤其是菱花貼毛錦，爲全國所獨有，我們只能把它列入一級藏品予以保存，這樣第四層棺就只好裸露展出，不免有礙觀瞻，當時我們曾請北京特藝總廠派專家來考察，想做一件複製品罩在棺上，特藝廠願意承擔此重任，但要我們提供原料，因此我曾跑到武漢及上海等外貿部門，尋找此纖細的羽毛，但遍尋不得，只好作罷，至今仍爲憾事。

69. 從楚漢兩墓看「裝殮」

在古代的上層社會裡，生前的穿衣戴帽，死後的裝殮服飾，均有一定制度，不過過去發掘的古代墓葬，由於自然浸蝕或人爲的破壞，要想詳細了解屍體裝殮的細節，那是十分困難的。而馬王堆一號墓由於屍體保存完好，故其裝殮方法也展示得十分清楚，此外從湖北荊州江陵馬山一號楚墓中也能窺其全豹，我們從兩個墓的裝殮制度中，可以看到古代的喪葬習俗及楚漢文化之間的延續性。

馬王堆漢墓古屍是女性，頭上有黃黑色的頭髮，下部綴有假髮，然後梳成盤髻式的頭。髮髻上插有像梳子的笄三支，前額和兩鬢有木頭做成的花形裝飾品二十九件。這些裝飾品可能是用絲線串聯後戴在前額上的，可惜出土時已散亂。

面部覆蓋兩件東西，一是四厘米寬的醬色織錦用以蓋前額及雙目，另一件是素絹內塡絲綿，做成長十厘米的束腰形，蓋在鼻子上。兩手握著繡花絹做的香囊，內部裝著辛夷、花椒等幾種藥品，醫學專家認爲這是她生前常服用的必備藥品。腳上穿著方形青絲鞋。貼身衣服兩件，裡面是信期繡絲綿袍，外面是細麻布單衣。此外，用醬色絲帶把兩臂縛住，再在腹部集中，之後把帶子再縛住足部。陰部和大腿之間也用絹裹

絲綿加以塡塞。腳與棺之間的空隙處也用同樣方法塡緊。

另外，身上還有各式衣著、衾被等十八層，加上貼身衣兩件，一共是二十層。從頭到腳層層包裹，然後橫紮絲帶九道。上面又覆蓋兩件絲綿袍。這些衣服總計起來，計絲衾(被)四件，麻布單被二件，綿袍四件，絲質單衣六件，麻布單衣一件，此外還有絲織品的殘片三件。

根據「三禮」和古代文獻記載，死者口中要放含（實際上是指珠玉），頭部要有笄、瑱、掩和幎目；兩手要設握，兩足要屨綦結跗(就是用帶綁兩腳)，亂髮趾甲要放在棺內；除貼身衣外，要韜屍，要裹屍。韜屍是做成直囊，但此一古屍身上已辨別不出。但總的看來大體符合古代的禮制。

一九八二年荆州博物館發掘了馬山一號楚墓，在發掘報告中對此墓的葬式也作了詳細記述。死者面部覆以梯形絹巾，也就是幎目。雙手握有長形絹團，雙臂雙足用組帶綁住，上下連繫。死者身上有三件袍一件裙，內穿一條錦褲，袍衣都無紐扣，也是古制的規定。包裹的第十三層是一件錦巾和一件單裙。此墓的衣衾包裹共計衣袍八件、衾二件。衣衾包裹後以帶橫綁九道，這和馬王堆一號墓相同。另外還包有一件用錦緣邊的竹席。〈喪服大記〉上說：「……君以簟席，大夫以蒲席，士以葦席。」因此也符合規定。

以上的裝殮形式，有不少地方與禮書記載相符或相近，有些就不同，其中可能反映了楚國葬俗的特點。同樣，馬王堆一號漢墓與馬山一號楚墓所反映的葬俗，也是有同有異，從中可以窺見楚漢文化的聯繫和差別。這兩個墓都爲我們研究古代的喪葬習俗提供了最具體的實物史料。

附注：馬山一號楚墓墓主人是士一級的男性。

（參見彩圖七、八）

70.木偶種種奴婢多

在古代貴族的墓葬裡，常常有各種各樣的俑，這些俑是活奴婢的替身。在奴隸社會裡，奴隸主以爲自己死後到了另一個世界仍要人來侍候，於是就讓人把活的奴婢、妻妾、臣屬來殉葬。其方法很殘忍，有的殺殉，有的活埋。到封建社會，勞動者逐漸取得了一些人身權利，大量殺人殉葬行不通了，統治者只好找代用品，於是就產生了木俑、銅俑、陶俑等，還有草紮的「芻靈」。宋、元以後紙俑也出現了。

俑有許多不同的種類，從楚國到漢代，俑大致上有六、七類，即臣屬俑、侍俑、歌舞和奏樂俑、生產俑、雜役俑和武士俑等，形形色色，應有盡有，放在一起，會形成一個俑的社會。

馬王堆漢墓有數百個木俑，它們都是軑侯家奴婢和臣屬的替身。那時一戶貴族，常常養有千百名奴僕。《漢書·元后傳》上說，王鳳大將軍一家「僮奴以千百數，羅鐘磬，舞鄭女，作倡優」。長沙丞相家裡的奴婢至少也有數百人。這一批木俑，雕刻精細，造型生動，大量採用半肉雕技法。身體比例適當，面目端正，眉淸目秀，反映了當時造型藝術的水平。但形體大小不一，造型服飾也有區別，這說明了它們之間有不同身份和等級，比如一號墓中有兩個木俑，身體高大，頭戴高冠，身穿長袍，鞋底刻「冠人」二字，分別放在東邊箱和南邊箱內，背後都率領著幾十個彩繪木俑，他們很可能是

彩繪木俑

軑侯家的家丞，用現代的話講就是大管家。一號墓中還有少數木俑，比「冠人俑」要小一些，但身材修長，面目姣好，身著錦繡衣服，這是「貼身丫頭」，猶如《西廂記》裡的紅娘，每日和主人形影不離。一號墓的帛畫上，女主人身後就跟著三個侍女，所以她們的地位有些特殊。彩繪立俑數量最多，形體矮小，造型一律，愁眉苦臉，這是做雜役的奴婢，當時

稱爲「僮」，地位最低下，因此《史記·貨殖列傳》裡把他們和牛、馬、羊同等看待。

一號墓有一個由二十三個木俑組成的「家庭歌舞團」，鼓瑟吹竽的管弦樂隊席地而坐，站立的歌舞俑好像正在引吭高歌，爲主人進餐助興。三號墓有歌舞俑十七個，有的起舞，有的奏樂。有的打擊十個一組的編鐘和編磬。竹簡上寫著：河間舞者四人，鄭舞者四人，楚歌者四人，河間鼓瑟者一人，鄭竽瑟吹鼓者二人，楚竽瑟吹鼓者二人，建鼓者二人，擊鐃者一人，擊鐸者一人，擊磬者一人，合計起來是二十六人。這足以反映軑侯家「鐘鳴鼎食」、「歌舞昇平」的生活情景。值得注意的是，這個歌舞班子來自全國各地，有本地楚人，有河南鄭人，有河北的河間人，那陣容，倒像一個民族歌舞團呢！

三號墓裡還有一種木俑，形體不大，身著青衣，有的放在邊箱隔板處，有的放在中間門道旁，這是守門小卒，古代稱作「閽人」。

軑侯家到底有多少奴婢？三號墓中有三塊木牘可以參考。上寫「右方男子明童凡六百七十六人，共十五吏，九人宦者，二人偶人，四人擊鼓、鐃、鐸，百九十六人從，八十人婢」；「右方車十乘，馬五十四匹，副馬二匹，騎九十八匹，魯（輜）車一輛，牛車一輛，牛十七，豎（僮僕）十一人」。明童就是俑，總數是八百六十一人。《史記·孝武本記》上有一條詔令中說：「賜列侯甲第，僮千人。」與這個數字很接近。漢代的豪門常以「衆其奴婢，多其牛羊，廣其田宅，博其產業」爲榮，所以軑侯家也是過著前呼後擁、奴婢成群的熙熙攘攘、車水馬龍的生活。

71.從泥質冥錢話明器

一號墓出土有泥質「冥錢」，共分三種，即：泥郢稱、泥半兩和泥丸。泥郢稱共三百餘塊，原放西邊箱一竹笥內。一般長六點二厘米，寬三點八厘米，厚零點四厘米，正面分為三個長方格，格內陽文縱書「郢稱」二字。在用模型製成後，向字面上塗一層黃粉，放到火中燒烤，即象徵為「金版」。而「遣策」上的原名叫「土金」。

泥半兩數量最大，共計有四十簍左右，每簍約盛二千五百枚至三千枚，因此總數在十萬枚以上，出土時大部分放在西邊箱內。泥半兩都是用模子製成的，直徑為二點三～二點八厘米，厚零點二五～零點五厘米，沒有外廓，正面有突起的「半兩」二字，一般是「半」字在右，「兩」字在左。和泥郢稱一樣，製成後用火燒過。竹簡上稱之為「土錢」。

泥丸是用白膏泥製成，直徑一點五厘米，先裝入絹袋再放在竹笥內。竹簡上的名稱是「土珠璣」。

以上三種「錢」，屬於明器類，而不是實用之物。何謂明器，就是古代供隨葬專用的器物，也可稱作「冥器」或「盟器」。明器一般使用陶、瓷、木、石或金屬等材料製成。除仿製日用器物外，還有人、家畜、家禽偶像和車船、工具、兵器、家具和建築物模型等。秦漢時期人形俑的數量大增，秦始皇陵兵馬俑即爲典型。東漢時，陶質的樓、倉、井、碓、磨、灶、豬圈等仿製器物大量增加。三國後南方出現青瓷明器，唐代發明三彩明器，明代開始用紙明器。至今，民間送葬仍用紙人紙馬等物，可見這一習俗也由來已久了。

貨幣是商品生產和交換發展的必然產物，我國貨幣可能起源於殷商時期，最早以牲畜作貨幣，涼山彝族古籍中有「四隻羊換一條牛」的記載，後來以貝作貨幣，到商代晚期有了銅貝，到春秋時期金屬貨幣流行，後來有了刀幣、布幣、圜錢。楚國人發明了爰金和蟻鼻錢。

爰金是金幣，原是長方形版狀，上面壓印有「郢爰」或「陳爰」的小方戳，郢、陳都是楚國的都城故名，零星使用時可將爰金切成小塊。漢時延用舊習，將「郢爰」改爲「郢稱」。

「半兩」錢開始於秦代，秦統一貨幣後製出方孔錢，從此中國貨幣的形態就固定下來。因秦的銅幣上有「半兩」二字，因此得名。《史記·平準書》上說：秦統一六國後，又統一全國幣制，規定黃金爲上幣，銅錢爲下幣。銅錢上「識曰『半兩』，重如其文」。此即半兩錢的來歷。西漢時也用半兩錢，但逐漸減至八銖或四銖，已名不符實。

歷史上關於錢的種類很多，有銅錢、鐵錢和泥錢等等。這裡講的泥錢不是「明器」，而是實用的錢。《新五代史》卷三十九記載：割據幽州的劉仁恭、劉守光父子實行強權統治，民不聊生，出現了食人肉，吃墐土的慘劇。劉仁恭卻推行用墐土製的錢，將銅錢收集起來，在大安山頂鑿洞貯存，然後把鑿工殺死。墐土是一種粘土，劉仁恭如此昏庸腐朽，因此

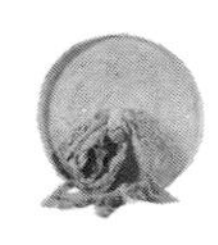

才製造了這種天下奇聞。

這種可惡的泥錢，後來還害得一個大臣降了職。故事是這樣：後唐明宗（李嗣源）寬厚仁慈是一位賢君，他即位後要鑄錢，鴻臚少卿郭在徽擬就了一個錢幣名單，其中也有劉仁恭的泥錢，唐明宗看後大怒，說劉仁恭造錢「殊非濟物，一向害人」。之後，即給郭在徽降職處分。

關於出土的「泥珠璣」，我想應該是象徵珠寶一類的東西，這裡即不再贅述了。

72.部屬「修書」薦主人

馬王堆三號漢墓也出土一幅T形帛畫，畫上繪有天上、人間、地下三個部分。中間畫有墓主人，頭戴劉氏冠身著長袍腰掛長劍，顯然是一位帶兵的將軍，根據考證，此畫可稱爲銘旌或㡛旌，用以「引魂升天」，也就是說死者企求辭世後能升入天堂，可是另一件文物又說明他準備進入地下世界。我們在同一墓中發現一個木牘，上用墨書寫著：

> 「十二年二月乙巳朔戊辰，家丞奮移主贓(葬)，郎中移贓物一編，書到先撰，具奏主贓君。」

上面所說的十二年，是漢

紀年木牘

文帝前元十二年(公元前一六八年)，按漢初所用顓頊曆❶計算，就是文帝十二年二月二十四日，這是墓主人下葬的年月。家丞就是「大管家」，相當我們現代所稱呼的總務主任之類的官。這個叫奮的家丞負責主持主人的喪葬事宜。郎中移贇物一編，是說「侍從官」負責運送主人的隨葬品，一編是指隨葬品的「遣冊」(清單)，再後兩句是說特地寫了此函，報告於地下的主宰官。

此類木牘也稱「告墓牘」，就是人死後，由當世官吏寫給「陰曹地府」官吏的公函，也可以視作介紹信或通行證，總的意思就是「多多關照」。

此類「告墓牘」在西漢時期可能較爲普遍，因爲在湖北省江陵鳳凰山一六八號墓和毛家園一號墓中也發現了，都是用毛筆墨書於木牘或竹牘之上。鳳凰山一六八號的木牘上寫著：

> 「十三年五月庚辰，江陵丞敢告地下丞：市陽五夫：(大夫)燧，自言與大奴良等二十八人、大婢益等十八人、軺車二乘、牛車一輛、騶馬四匹、駠馬二匹、騎馬四匹。可令吏以從事。敢告主。」

它告訴我們墓主人是市陽人，名燧，生前的職位是五大夫，埋葬的時間是「十三年五月庚辰」，因墓中出土有漢文帝時鑄的「四銖半兩」銅錢十枚，因此斷定爲漢文帝初元十三年(公元前一六七年)五月十二日。

以上兩個木牘，從時間上看相差僅一年，寫法上也稍有區別，前者是管家代筆，後者是江陵的父母官所寫，前者可能因隨葬品有上千件，故寫「移贇物一編」，只開了清單，而後者把「車、馬、隨從奴婢」（木俑等）等都寫在函上，其目的是一致的，是告訴地下主宰官，對這些在陽世上具有一定地位和身份的人要給予適當安排。

今日看來，此純屬迷信於事無補，但從歷史考古的角度上看，卻大有用處，因爲它頗似一張死亡登記卡，把死者生前的官職，埋葬的年月日，隨葬了什麼物品，甚至死者的籍貫、姓名都寫得很清楚，留下了確切的文字記載，這都是研究當時的歷史、文化、信仰、習俗的眞實物證。因此這些並不顯眼的小小的木牘，早已躋身於湖南博物館和荆州博物館珍貴藏品之列。

❶顓頊曆是我國古代六大曆法之一。它以一回歸年爲三百六十五又四分之一日，一朔望爲九百四十分之二百九十二點四九九日，以立春爲一年節氣的計算點。它隨秦之統一而成爲第一個頒行全國的曆法，直到漢武帝時，才爲太初曆所代替，而停止使用。

（參見彩圖九）

73.世界古屍多少類

醫學專家們在研究馬王堆古屍時，遇到了一個問題，即世界上出現的古屍有各種類型，但拿馬王堆古屍與之相比多有不同，因此就定命問題，大家認眞地進行了探討。

關於古屍的發現，在我國歷史上並不乏先例，如《湘城訪古錄》中即講到：「魏黃初末，吳人發芮（吳芮）冢，取木於縣立孫堅廟，見芮屍容貌衣服並如故。」《太平御覽》引《從徵記》稱：「劉表冢在高平郡，表子琮搗四方土數十石著棺中……永嘉中，郡人衡熙發其墓，表貌如生。」這都說明，在兩漢時期，我國在屍體防腐方面已取得很大成就。

過去世界上對古屍體的分類一般有三種，即乾屍（木乃伊）、屍蠟和泥炭鞣屍，但將馬王堆屍體與之相比，各不相同。

乾屍多數發生於乾熱或空氣流通的環境中，由於體內水份迅速蒸發和體液外滲（體重喪失百分之七十五以上），因此腐敗細菌不易生存。在我國發現的乾屍，多存棺內，原因是棺及墓穴密封程度高，形成缺氧環境，腐敗菌生存不利，因此腐敗便逐漸停止下來。屍體水份滲出後，被燈芯草、草木灰、石灰等所吸收，因此使屍體乾化。埃及的木乃伊世界馳名，他們是將屍體摘除大部分內臟，然後將軀體及內臟分別浸泡，再塗上防腐劑，然後製成乾屍長期保存。這樣做人體結構即受到一定影響，故所提供的醫學研究資料即不全面。

屍蠟是浸泡在水中或水份豐富的泥土中的屍體，因此使屍體表面或體內脂肪組織中形成灰白色或黃白色堅實的蠟樣物質，可以壓陷，但脆而易碎。屍蠟形成的原因，一般認爲是體內脂肪先水解爲甘油與臘脂酸，臘脂酸再和蛋白質分解所產生的氨結合形成脂肪酸胺，又與水中的鈣鎂等離子結合而成不溶於水的皀化物；另外由於氫化作用，使不飽和脂肪酸還原爲飽和脂肪酸，從此性質穩定長期保存，但蠟化程度多見於皮膚和皮下脂肪，其他如內臟等則多已毀壞。

泥炭鞣屍多形成於泥炭沼澤或酸性泥沼中，這類屍體由於處在低溫和空氣不流通的酸性泥沼中，腐敗菌的生長繁殖受到抑制，使腐敗停止，此類沼澤中含有大量腐植質，富有單寧物質和多種腐植酸，可能是這些物質的作用，使屍體皮膚致密呈暗色，猶如鞣皮，肌肉內臟脫水，一部分蛋白質溶解，故體積縮小重量減輕，骨骼牙齒鈣質溶解，此類屍體不多見。已知道的是五十年代初在丹麥的一些泥炭沼澤中發現幾具二千年的古屍，在歐洲的一些沼澤中也發現若干具屍體，其中一具約死於一百年前，其所保存的狀況，均與上述一樣。

而馬王堆的古屍具有以下幾點特徵：

一、古屍重三十四點三公斤，體重約減少一半；四肢皮膚出現多條縱行皺紋，內臟縮小，腦組織含水量減少了百分之三十點八。這些現象有些乾屍化的現象，但其全身潤澤，某些部位軟組織還較豐滿，柔軟而有彈性，因此它不是乾屍。

二、皮膚油膩，胸、腹、臀部及下肢等部位的皮膚，有

多個黃色或桔黃色丘疹狀、結節狀類皮疹樣變化，經組織學、組織化學檢查，屬於早期屍蠟變化，但沒有出現典型的片塊狀脂蠟樣改變的程度。此外，皮下（特別是腹壁）及腎周脂肪的外觀及成份仍接近於正常脂肪。

三、皮膚是淡褐黃色，比較軟，大部分毛髮仍存原位，手指和足趾的紋路清晰，軟組織有彈性，一部分關節可以活動，全身骨骼普遍性骨質疏鬆，脫鈣的現象很明顯，這些均與鞣屍化相似，可能是由於弱酸性棺液（pH 值爲五點一八）長期浸泡所致，但有完整的外形，且內臟器官俱在，因此不屬於泥炭鞣屍的類型。

正是由於上述特點，參與研究的醫學專家一致同意將此一特殊類型的古屍，正式定名爲「馬王堆屍」。這樣即爲世界古屍家族中增加了一個新的成員。

(參見彩圖九)

74.女屍解剖多軼事

一九七二年四月二十八日傍晚,我們費了九牛二虎之力,才把一號漢墓的第四層棺材運到了省博物館內。「馬王堆挖出了寶貝」,這個消息驚動了省委大院內的一些領導,大家不約而同驅車前來,龐大的內棺擺在陳列廳的中央,在明亮的燈光下,中國科學院考古研究所的王㐨、白榮金同志打開了棺蓋,兩層色彩絢麗的絲衾展現在面前,使在場的考古人員喜出望外。此時一種濃烈的酸臭氣撲鼻而來,人人都拿出手帕來捂住鼻子。當解開九根絲帶想揭取繡花袍時,用手一摸猶如「豆腐」,爲了保護這些珍貴的絲帛,王㐨決定靠一頭用小刀劃一方塊查看究竟,不料刀子剛下去即發出吱吱的響聲(後來知道是保存完好的夏布所致),因已屆凌晨二時,即宣告暫停工作,使一些老者十分失望。後來他們埋怨說,寶貝沒看上,可手帕三天都沒洗乾淨。

經過一周時間的揭取,震動世界的女屍出現了。

古屍如何保護?這是一個大難題,五月的長沙,悶熱異常,每天到冷庫買冰,打成碎塊分裝塑料袋,壓在屍體上,這樣可以把溫度控制在攝氏二十五度左右,但此非長久之計。電話詢問北京、上海微生物研究所,都說對保存古屍無經驗。

怎麼辦? 我們很犯愁。

五月上旬，我在馬王堆組織力量吊裝龐大的槨板時，來了一個細高個子的年輕人，他是湖南醫學院人體解剖教研組的青年助教劉里侯，此時他手持介紹信對我說:「聽說你們挖出了古屍，能不能送給我們作人體解剖課使用?」此時我突然想到請他們來協助解決古屍保護問題，我說明古屍保護的重要意義後，他答應回去請示，第二天該院的人體解剖教研組組長王鵬程副教授帶人前來。當天即決定向古屍體內注射酒精、福爾馬林混合液，用以保護內臟器官，然後製作了有機玻璃棺材，將屍體浸入福爾馬林溶液內。從此，王副教授及其助手曾嘉明、劉里侯等即與西漢女屍結下了不解之緣。

× × ×

爲了使古屍長久保存，醫學專家認爲必須解剖，以使內臟器官不受損壞。後由湖南省革委會報告了國務院，但時久未見批覆，一九七二年的十一月，李先念夫婦陪同尼泊爾首相比斯塔夫婦前來參觀，我們當即向林佳眉同志反映了古屍亟待解剖的意見，林返京後很幽默地說:「我到長沙看到馬王堆老太太變瘦了，要趕快開刀。」經她這一宣傳，報告找到了，於是十一月三十日，周恩來先生對〈關於馬王堆漢墓出土古屍解剖問題的請示報告〉作了批示，要王冶秋邀請有關專家再議一次，並提出工作小組名單。

於是，十二月上旬，王冶秋邀請中國醫學科學院張炳常、中國人民解放軍醫學科學院劉雪桐，北京醫學院譚增魯、武漢醫學院武忠弼、中山醫學院郭景光、湖南醫學院李亭植、王鵬程等醫學專家雲集長沙。因受周先生的委託，大家深感責任重大，於是認眞討論了解剖方案。當時曾提出三種設想,一是內臟完整；二是變薄變脆；三是溶化如豆腐，針對這三種情況提出了不同的對策。另外對頭部是開顱還是鑽孔取髓，胸部是大開膛還是只從腹部切口，以及腹部縫合、塡塞等等，均一一作了深入細緻的研究。當討論到由誰來主刀時，各位老專家都互相謙讓，此時湖南醫學院病理教研組青年助教彭隆祥自告奮勇來主刀，大家一致同意，都說：「還是初生牛犢不怕虎。」

十二月十一日晚上，解剖開始時，大家全神貫注、神情緊張，省委書記華國鋒、省軍區司令員楊大易等都來了。彭隆祥沉著堅定，下刀果斷，切開腹部之後，發現內臟器官十分完整，大家欣喜異常，如釋重負。

中國科學院郭沫若院長提出三個問題，即一、解剖中注意防止屍毒感染；二、要研究古人的血型；三、要查淸死因，他的囑託，使大家感到振奮。

古屍經過內、外、婦、五官、口腔、皮膚等科病理檢查，發現她生前曾患過多種疾病，如全身性粥樣動脈硬化症、膽石症、左肺上結核病灶，左前臂陳舊性骨折，腰脊椎有骨質增生現象，還有血吸蟲、蟯蟲、鞭蟲等感染。在這衆多的疾病中，何者爲致死的原因呢？經各科專家分析，可能是膽結石急性發作造成反射性冠狀動脈痙攣，以致心律紊亂而一命嗚呼。她的血型經鑑定是A型，郭老的要求已全部達到。

女屍貴爲長沙國丞相之妻，但除一顆私章上刻「妾辛追」之外，則無任何記載，這樣即給古屍研究工作帶來困難。比如首先需要弄淸她的年齡，於是X光醫生透視頭部，根據冠狀縫、矢狀縫、人字縫的癒合情況，斷定爲五十歲左右；牙

科專家認爲牙齒磨損度很高，視作六十五歲；婦科醫生確認她處於更年期，屬四十五歲左右；外科醫生檢查小腿脛骨也認定爲五十歲。在各方專家進行討論相持不下時，我們曾建議按民主集中制辦事，於是大家鼓掌贊同，定爲五十歲左右。

從古屍的食道到小腸，取出一百三十八顆半甜瓜子，中國科學院遺傳研究所發現瓜籽細胞完整，認爲有再生的可能，此事曾引起我們全館人員的極大興趣，我們曾設想在館內空坪隙地滿栽漢代甜瓜，讓上級領導、外國友人來館參觀時品嚐一番，因此每天數次前去觀察，結果失望了，因爲發現與生物遺傳有密切關係的琥珀酸脫氫酶等物質已損失，故不能遺傳了，爲此我們深感遺憾。

當寄生蟲研究所報告在肝部發現了血吸蟲卵時，又引起了一陣風波，原因是唯成份論正在盛行，那怕對古人死人也不能倖免，所以有人認爲這位貴婦人可能出身貧苦，從小下田勞動受到感染；另有人說，封建社會等級森嚴，凡婚姻嫁娶講究門當戶對，貧苦農民當不上丞相夫人，血吸蟲可能是生活用水感染的，但孰是孰非無以爲證。

對於她的右前臂骨折也有猜測，因爲隨葬品中有大小一百六十四個木俑，木俑是侍者的象徵，足以證明她在生前是奴婢成群，過著前呼後擁而雍容華貴的生活，那又怎能跌斷右臂呢？於是有人說，她一定秉性凶惡，具有「黃世仁」❶的心腸，可能毒打奴婢時，用力過猛倒地跌傷所致。人們認爲這一推斷，也不無道理。

---

❶黃世仁係著名歌劇《白毛女》中一位心腸狠毒的男主人公。

(參見彩圖九)

75. 古屍研究出碩果

古代曾有過屍體保存幾百年甚至上千年而不腐的記載。《水經注·湘水》中引述了《世語》中講到的一個故事，說三國時魏國滅吳後，魏國的南蠻校尉吳綱在安徽壽春地方見到了一個東吳的老者，老者驚愕地說:「你的身材相貌很像長沙王吳芮呀！只是個頭矮了點。」吳聽後大驚，忙說:「吳芮是我十六世先祖,已死四百多年,你怎麼說我的相貌像他呢?」老人講:「不瞞你說，四十多年前，東吳在臨湘(即長沙)修建孫堅廟，缺乏木材，就挖了吳芮的墓，取出了棺槨，我參加了這項工作，曾親眼看見吳芮的屍體面目如生，衣服也很完好呢!」這個故事講得很清楚，但究竟沒有實證，所以人們常半信半疑。

馬王堆一號漢墓女屍的發掘，是我們親自參加的，其解剖研究也是我們親眼所見的，因此這是千眞萬確的事。

這具女屍，身長一百五十四厘米，體重三十四點三公斤，因爲人體百分之六十五左右是水份，所以她的體重至少在五十公斤以上。頭、頸、軀幹、四肢都很完整，全身柔軟，皮膚致密，呈顯一種淡的褐黃色，用手摸起來還有些油膩感。大部分毛髮都在，手指和足趾的紋路清晰，皮下脂肪豐滿，

軟組織還有彈性，剛出土時往體內注射防腐液時，血管還能鼓起。一部分關節還可稍加活動。從體表看，眼球突出，口張開，舌頭向外吐，直腸也脫落了。專家認爲，這是「巨人觀」現象，即死後腹內產生腐敗菌，形成強大的氣壓，造成體表變形，後來細菌死亡，腐敗即停止了，所以結論是：「早期腐敗現象」。中國醫學研究院、湖南醫學院等專家對女屍進行了解剖，發現腦子已縮小一半，有些像「豆腐渣」，而胸、腹腔內的器官，如心、肺、氣管、肝、膽囊、膽管、胰、脾、食道、胃、小腸、結腸、腎、輸尿管、膀胱、子宮、輸卵管、卵巢、主動脈、腔靜脈等，都保存了比較完整的外形，而且位置基本正常，不過各種臟器都有一定程度的縮小或變薄。

X光檢查證明，死者全身骨骼都很完整，大小關節正常，但有骨質疏鬆現象。

西漢女屍

現代科學技術分析發現，死者作爲器官支架的纖維性結締組織保存得最好：其中的膠原纖維輪廓分明，在電子顯微鏡下，其周期性帶狀結構十分明顯，幾乎和新鮮屍體一樣。另外能看到各種細胞的殘存，特別是軟骨細胞，能看到細胞膜、細胞核和其他精細的顯微結構，紅血球還保持原來的圓形，三個五個地聚在一起。經對頭髮等組織取樣測定，證明她的血型是A型。

經過內科、外科、婦科、五官科、口腔科、皮膚科、神經科、放射科等各種病理檢查，發現她曾患嚴重冠心病、全身性粥樣動脈硬化症、膽石症。在膽總管內取出一塊蠶豆大的結石，肝管匯合處也取出一塊黃豆大的結石。此外，死者膽囊先天性畸形；左上肺有鈣化了的結核病灶；左前臂有陳舊性骨折，第四腰椎隙變窄，有骨質增生現象；有日本血吸蟲，還有蟯蟲、鞭蟲感染。

辛追死時五十歲左右，專家認爲可能是膽絞痛造成放射性冠狀動脈痙攣，以致心律紊亂而猝死。因爲她的腸裡有一百三十八顆半甜瓜子，所以可證明她死於瓜熟季節的夏日。

古屍研究取得的巨大成果，反映在湖南醫學院主編的《西漢古屍研究》一書中。

76.「瘟神」自古已存在

在西漢古屍的解剖中，人們不僅發現這位貴婦人生前曾患多種疾病，而且還有蟯蟲、鞭蟲和血吸蟲感染，這樣即爲寄生蟲學提供了實物例證，也算是一大收穫。

因爲湖南的洞庭湖區是血吸蟲的重點疫區之一，所以我想著重談一下血吸蟲的問題。

血吸蟲也叫裂體吸蟲，它屬於吸蟲綱，裂體吸血科。世界上的血吸蟲有三種，即日本血吸蟲、埃及血吸蟲和曼氏血吸蟲，在我國的屬日本血吸蟲。此蟲雌雄異體，雄蟲爲乳白色，長五～十六毫米，雌蟲纖細如絲，長七～二十七毫米。雌蟲一般在腸壁附近產卵，卵呈橢圓形，可穿透腸壁，隨糞排出，在水中孵出毛蚴，進入中間宿體釘螺體內，發育增殖成許多胞蚴，由胞蚴再產生許多尾蚴後即離開螺體，此時如遇到人和牛、羊、豬、狗、貓、驢、馬、鼠、兎、猴、騾等動物，即由其皮膚侵入體內，然後進入血管，進入肺部，然後到達肝臟和門脈系，即在此發育爲成蟲。尾蚴進入皮膚後產生小紅點，病人感到奇癢，這叫「尾蚴皮炎」。患者發病期分爲三段，即急性期：畏寒發燒，頭痛嘔吐，肝臟明顯腫大，且有壓痛；慢性期有消化不良及腹瀉等症狀；晚期即肝臟硬化、脾臟腫大而引起腹水。

此種病過去在長江以南流行甚廣，患者大多是從事農業生產的青壯年農民、漁民和船民等。

此病由日本人桂田於一九〇四年發現其病原體後，即命名爲日本血吸蟲病；一九〇五年卡特（Catto）在新加坡解剖一福建籍華人屍體時，在腸系膜靜脈內獲得成蟲；同年朗格（Logan）在湖南常德一病人糞便中找到蟲卵。此次在古屍體內再次發現血吸蟲卵，即給醫學研究部門提供了新的資料。

我國古代醫學文獻上，對於血吸蟲病，無論是地理分布、病原體、症侯、治療等方面，均有比較詳細的記述。《內經》說：

> 「腹脹身皆大，大與腹脹等，色蒼黃，腹筋起，此其候也。」

這一描述包括血吸蟲病晚期肝脾腫大、腹水、腹壁靜脈曲張、貧血等症候。公元五世紀葛洪在《肘後備急方》中已經記述與溪水有關的蠱蟲症。公元七世紀巢方元《諸病源候論》「水毒候」中即指出：

> 「自三吳以東及南諸山郡、山縣，有山谷溪源處，有水毒病。春秋輒得。」

在「沙虱候」中指出：

> 「山內水間有沙虱，其蟲甚細，不可見，人入水浴及汲水澡浴，此蟲著身，及陰雨日行草間，亦著人，便鑽入皮裡。其診法，初得時皮上正赤，如小豆黍粟，以

手摩赤上痛如刺……。」

這種對於血吸蟲病的流行病學、感染方式以及早期的皮炎等症狀的觀察和描述，與現代醫學知識完全一致。公元五八一～六八二年孫思邈在《千金要方》「蠱毒」一節中指出：

「凡卒患血痢，或赤或黑，無有多少，此皆是蠱毒，粗醫以斷痢藥處之，此大非也。」

關於血吸蟲病的治療，祖國醫學文獻中也有許多內治、外治等防治方法。

從西漢古屍的血吸蟲病使我們知道，此種病在江南地區危害人民已有數千年之久，一九四九年後，政府十分重視此病的預防和治療，在疫區發動廣大群衆進行滅螺工作，並層層設立血防幹部和血防站，進行大規模的宣傳和治療工作，因此在許多地區此種病已被消滅或控制。這樣於一九五八年七月一日就產生了毛澤東〈送瘟神二首〉的著名詩篇。

詩的前言說：「讀六月三十日《人民日報》，餘江縣消滅了血吸蟲，浮想聯翩，夜不成寐，微風拂煦，旭日臨窗，遙望南天，欣然命筆。」

「綠水青山枉自多，華佗無奈小蟲何？千村薜蘼人遺矢，萬户蕭疏鬼唱歌。坐地日行八萬里，巡天遙看一千河。牛郎欲問瘟神事，一樣悲歡逐逝波。

春風楊柳萬千條，六億神州盡舜堯。紅雨隨心翻作浪，青山著意化爲橋。天連五嶺銀鋤落，地動三河鐵臂搖。借問瘟君欲何往，紙船明燭照天燒。」

77.古代防腐顯奇跡

自從馬王堆一號漢墓出土以來，人們經常提出這樣一個問題，兩千年前的古屍究竟是怎樣防腐的呢？現在講一下這個重要問題。

我國古代的統治階級，總幻想死後靈魂升天，而又企求屍體不朽，以便到達另一世界後成爲神仙，長生不老。過去他們曾迷信玉能寒屍，因此下葬時，常在胸部壓玉塊，背下頭部墊玉璧，口內塡玉屑，耳、鼻內塞玉粒，甚至兩眼也用玉片蓋起來。一九六八年在河北滿城發現西漢中山王劉勝夫婦的合葬墓，他們夫婦二人都穿著金縷玉衣。劉勝的玉衣長一點八八米，耗用玉片二千四百九十八片，他的妻子竇綰除了穿玉衣外，連棺材也鑲上了玉板，但這種防腐方法不科學，所以他們的屍骨全朽了。

馬王堆一號漢墓的方法截然不同。現代科學證明，屍體保存和外界條件有關，如溫度、濕度、壓力、空氣、光照、酸鹼度等等。凡是能阻滯物理和化學損壞以及一切腐敗菌生存繁殖的外界條件，都是實現古屍保存的有利因素。

古書《禮記》上記載了喪葬禮儀制度，說貴族死後要有香湯鬯酒來浴屍；在「襲」和「殮」的時候要穿許多層衣服，

並用屍衾嚴密包裹；在停屍階段要用冰或水置於屍床之下，進行「寒屍」。這種喪儀和措施，對於延緩屍體早期腐敗是有一定作用的。

而西漢古屍身上穿著、包裹、覆蓋的絲麻衣衾有二十二層之多，外面還紮以九根綢帶，臉用面罩蓋著。如此很快即隔離了空氣，使一些微生物無法侵入屍體。當時已有冰盤寒屍的做法，想來軑侯家也會採用。《禮記・王制》規定：

> 「天子七日而殯，七日而葬；諸侯五日而殯，五日而葬……」

看來她停屍不超過五天即入棺密封，後再擇吉日下葬。棺木十分講究，內外塗漆，內棺用膠漆粘得很牢，開棺時幾乎用去一整天，因此屍體密封得很好。

因爲屍體上的衣物又多又厚，把棺材塞得滿滿的，棺內空氣很少，所以在屍體早期腐敗消耗了棺內的氧氣後，很快就形成了一個缺氧環境，根據現代實驗可知，糧倉內空氣的含氧量降到百分之三以下後，細菌和其他生物即不能生存，在密閉的容器內把含氧量降到百分之零點一時，連害蟲卵也會死去。

從墓葬條件看一號墓選擇在滲水能力很差的第四紀網紋紅土層中，墓坑深十六米，加上封土堆達二十多米，墓底接近石砂層，墓外滲進去的少量水份能通過石砂層排走。由於深埋，光線無法射入，墓室與地面大氣隔離，因此不管外界氣候怎樣變化，墓室都不受影響。

在密閉的六層棺槨外面，又填塞了一萬斤木炭，這些木炭有一定的防潮吸水作用。木炭外面又用白膏泥密封，最薄處零點六米，最厚處一點三米，白膏泥的學名是微晶高嶺土，化學成份主要是三氧化硅、三氧化二鉛和少量的氧化鐵，密閉性特別好。墓又用粘土分層夯實，十分堅固。這樣墓室就形成了一個恆溫恆濕的條件。

室內由於氧氣爲容易腐敗的魚、肉等食品的氧化過程所消耗，所以形成爲缺氧環境。

另外一些有機物在無氧條件下，由於甲烷菌的作用，不斷產生沼氣，當氣壓加大到一定程度時，無論是嗜氧菌還是厭氧菌都不能生存了。所以醫學專家想在墓中找一個漢代細菌屍體看一看，卻遍找不得。

綜上所述，古屍防腐的條件可以總結爲八個字：深埋、密封、缺氧、無菌，這是我們先人創造的又一奇跡。

捌　墓主篇

「利蒼」玉印

78.長沙國的設置與疆域

馬王堆三座漢墓是利蒼的家族，而利蒼是諸侯長沙國丞相，因此有必要將長沙國的由來與長沙國的疆域等概況作一介紹。

漢高祖五年(公元前二〇二年)，漢王劉邦經過五年的艱苦戰爭，也就是平時所說的楚漢戰爭，在垓下這個地方打了最後一仗，徹底擊敗了西楚霸王項羽，而建立了西漢王朝。在西漢政權建立的前後，劉邦出於政治鬥爭的需要，實行統一戰線政策，千方百計去爭取各派軍事首領的支持和擁護，所以先後分了七個王，就是：楚王韓信、梁王彭越、淮南王英布、韓王信、趙王張敖、燕王臧荼（後來殲滅臧荼後，又改封盧綰爲燕王)、長沙王吳芮，結果在統一的大帝國中，出現了郡國並行的局面，長沙國就是在這樣的歷史背景下產生的。

第一任長沙王爲吳芮，他原來是秦時的番陽令，故稱爲番君。秦朝末年天下大亂，吳芮率越人起兵，他還派人將梅鋗領兵隨劉邦入關中。當項羽分封諸侯時，他被封爲「衡山王」。吳姓長沙王一共傳了五代，排列起來是文王吳芮、成王吳臣、哀王吳回、恭王吳右，最後一王爲吳著。吳氏長沙國到漢文帝後七年（公元前一五七年）因沒有兒子繼承王位，而國除。到景帝時，封他的兒子劉發爲長沙王，歷史上即稱爲劉氏長沙國。

長沙國的疆域到底有多大呢？《漢書·高帝紀》載五年詔書有：

「其以長沙、豫章、象郡、桂林、南海，立番君吳芮爲長沙王。」

名義上是有五郡，而實際上象郡、桂林、南海三郡都爲南越王趙佗所占據，而豫章郡又爲淮南王所管轄，這在《史記》及《漢書·英布傳》上均有記載。因此漢初的長沙國範圍，實際上就是秦時的長沙郡。

長沙國的實際疆域，班固在《漢書》中說：

「波漢之陽，亘九疑，爲長沙。」

用今天的話說，就是從漢水北面一直到九疑山的南面。也有人提出說沒有這麼大，因爲臨江王占據荊州，尚未臣服於漢，因此推測北部邊疆可能是長江之濱。

至於南部邊界，從三號漢墓出土的「長沙國南部地形圖」看來，符合班固在《漢書》所說的話，即南界不僅到達九疑山，而且越過九疑山到達廣東的連縣。東界與淮南國相接，其分界線很可能在鄱陽湖東岸的番陽縣以東，原因是秦時吳芮曾任番陽縣令，並受到當地人民的擁護，他曾在此率領越人向北進發，所以這是他反秦起義的基地。秦王朝被推翻後，劉邦很可能將此地歸屬於他。

「長沙國南部地形圖」上十分明確地標示出西南部分已

達桃陽（即廣西壯族自治區的全州）和觀陽（即廣西之灌陽）。西界及西北段尚缺乏資料。總的來看，昔日之長沙國地跨湖南、湖北、江西、廣東、廣西五省、區，現在的湖南省的面積爲二十一萬平方公里，當時大於湖南，很可能在三十萬平方公里左右。

當時長沙國的基本情況是：「半雜蠻夷」，是漢族與少數民族雜居的地區。到漢文帝時，長沙國在籍的民戶才二萬五千（見《漢書・賈誼傳》）。如按每家五口人計算，人口不過十三、四萬，因此這是一個地廣人稀的地方。《史記・貨殖列傳》上說：

「楚越之地，……地勢饒食，無饑饉之患。」

說明這裡自然條件是好的，但上述史書上還說人民「無積聚而多貧」。因此，西漢初年，長沙國的經濟力量是比較薄弱的。不過由於它面對與漢中央爲敵的南越國，因此地理位置十分重要。所以漢中央也十分重視長沙國。

79.利蒼何以當丞相

在介紹過長沙國的情況後，應該來看看長沙國丞相利蒼是何許人也?

關於利蒼的來歷，《通志・氏族略》上說:「楚公分食采於利，後以爲氏。」由此可見利蒼應是楚國的舊貴族成員之一，可能與平皋侯劉它的經歷相似，《漢表》上劉它「漢六年以碭郡長初從（跟隨劉邦），功比軑侯。」「功比」，即功勞相近，故利蒼在列侯中排第一百二十位，而劉它是一百二十一位。有了「功比」兩字，他們的經歷也往往類似。劉它本姓項，《漢書・項籍傳》說項氏「家世楚將」。項它原是項羽的重要將領。在劉邦於垓下（今安徽省靈壁縣南沱河北岸）圍殲項羽的前夕，項它在彭城（西楚都城，今徐州）降漢。此後，劉邦對「項氏枝屬」施以寬容政策，賜姓劉，任命爲碭郡長，並封侯。依次推測，利蒼可能也是項羽的部將，在楚漢戰爭中投向劉邦，因此得到重任。

關於軑侯，《史記》、《漢書》均有記載。《史記・惠景間侯者年表》說:

「軑國，七百户，漢惠帝二年四月庚子封長沙相利

蒼爲侯，侯第一百二十位；高后（呂后）三年爲侯豨元年；孝文十六年爲侯彭祖元年；元封元年侯秩爲東海太守，行過不請，擅發兵卒爲衛，當斬，會赦，國除。」

《漢書・高惠高后文功臣表》所記載基本相同，只是將軑侯的名字寫作「黎朱蒼」，把侯秩寫作侯扶。但二號墓出土了「利蒼」的印章，可以證明《史記》所記是正確的。當時「倉」與「蒼」可以通用。

漢高祖五年(公元前二〇二年)，劉邦分封了七個異姓王，此時吳芮被封爲長沙王。當時秦分全國爲三十六郡，而直屬中央管轄的，大體上只有以長安爲中心的十五郡，而大部分地區均爲諸王的封地。而諸王都擁有強大的軍事力量，官制也與中央政府相仿，儼然就是一個小朝廷了。後來許多諸侯各霸一方。後來除了長沙王外，其餘異姓王都被翦滅。此時，劉邦明令規定：「非劉氏而王，天下共擊之。」這是《史記・呂太后本紀》上的記載。劉邦想用宗族的血緣關係來加強統治，與此同時，向王國指派丞相等地方高級行政長官，在王國內督促執行全國統一法令的制度。軑侯利蒼正是在此種情況下被委派以長沙國丞相的。這一措施是爲了防範諸侯的不軌行動。因此派作丞相的人，都要精心挑選，首先要忠於中央政府，其次要具有才幹，能夠控制這個國家，而利蒼具有這些條件。其所以派往長沙國，可能因爲他是楚人，而長沙國又是民族雜居之地，利蒼到此任相最爲合適。當時長沙國的南面，就是與漢中央敵對的南越國，因此利蒼應具有雙重任務，一是控制長沙國，一是監視南越國。

利蒼上任的第二年，即發生了一件驚天動地大事，即鄰國淮南王黥布叛變，以淮南國四郡的兵力，向漢中央發起猛烈進攻。

黥布是長沙王吳芮的女婿，他與吳芮在反秦起義中建立了軍事同盟。黥布爲猛將，在楚漢戰爭中立有大功，因此被立爲淮南王。他起兵後，先滅東邊的荊國（國王劉賈，劉邦的叔父），繼而又敗楚國（國王劉交，劉邦之弟）的軍隊，因此使劉邦不得不親自帶兵征討，後來黥布失敗，他擬到長沙國投靠其岳父吳芮，當他走到長沙國境內的番陽縣茲鄉時，即被長沙國埋伏的人員殺死。長沙王大義滅親，劉邦很高興。長沙王能做到這一步，有賴於丞相利蒼的工作，因此皇帝也感激於他。因劉邦受傷病故，到惠帝二年四月，利蒼即以功封爲軑侯，七百戶。利蒼死於呂后二年（公元前一八六年）。

《漢書・地理志》說：

> 「楚越之地，地廣人稀，飯羹稻魚……，無積聚而多貧，是故江淮以南，無凍餓之人，亦無千金之家。」

但一號漢墓出土有稻、麥、黍、粟、大豆、赤豆、麻子等穀物，梨、梅、楊梅、棗、甜瓜等果品，以及葵子、芥菜子和薑、藕等；肉食品殘骸，有牛、羊、豬、鹿、狗、兎等獸類，鶴、雁、鴨、雉、雞、鳩等禽類，以及鯉、鯽、鱖等魚類；另外還有巨大的棺槨和精美的絲織品和絢麗多彩的漆器等。這些農畜產品和手工業品，應該主要出產於長沙本地，由此可見西漢長沙地區的經濟發展狀況已大有改變。這和長沙丞相治國有方也許不無關係。

80.三號墓主與南越國

這裡想談一下三號墓墓主人與南越國的問題。

三號墓於一九七三年十二月發掘,這也是一個龐然大墓,但由於密封不嚴,故屍體腐朽,經醫學專家對人骨架的鑑定,確定爲三十多歲的男性。

此墓的隨葬品有一千多件,可以說是內容豐富,種類齊全。首先此墓出土一件罕見的兵器架,上面用紅、黃、綠三色繪成雲氣紋,板上有五個彎鉤,鉤上橫置帶漆鞘的角質劍一柄。它就像身份證一樣,告訴我們墓主人是一位帶兵的將軍。他擁有三十八件兵器,即弓四張,弩二件,矢箙一,箭二十四支,劍四柄,戈、矛各一件等。最重要的是發現了我國最早的三幅地圖,即「漢初諸侯長沙國南部地形圖」、「漢初諸侯長沙國南境駐軍圖」和一幅縣城的平面圖。

此外還有十二萬多字二十多種的帛書,其內容包括哲學、歷史、地理、醫學、天文、曆法等等,由此推測這位將軍還是一個熱愛讀書而知識廣博的學者。另外他還有五件樂器,有瑟、竽、笛和七絃琴等,此琴漆皮已經脫落,很可能是墓主人生前經常彈奏的樂器。有一幅帛畫上有衆多的車馬部屬,一中年男子,頭戴劉氏冠,手扶長劍而立,顯然在檢閱車馬儀仗。

從畫中形象及軍事圖等聯繫起來看，三號墓墓主人顯然是鎮守長沙國南部邊境的一位將軍。這樣與南越國就有了密切關係。

南越國地處嶺南，它擁有今天的廣東、廣西及越南北部等地域，這就是歷史上所說的百越地區。

秦將任囂原任南海郡尉，當中原爆發反秦大起義時，他已病重，即委任部將趙佗代理南海郡尉的職務，趙佗素有雄才大略，他即調兵遣將防守五嶺南下的幾條通道。秦朝覆滅後，他派兵趕走了桂林、象郡兩地的秦朝官吏，於公元前二〇四年，建立南越國，趙佗自任南越武王。此時趙佗趁楚漢戰爭之際而勵精圖治，在西界邕江、南達南海、北抵五嶺的廣大區域內，對土著居民採用安撫政策，對於秦朝謫徙來的犯官、罪徒、賈人、贅婿等人，予以平民身份，不再編入名冊。並鼓勵其部屬與土著民族通婚，因此團結了百越族。

此時趙佗派兵把守粵北的三個關隘，即橫浦關、陽山關和湟溪關。前者在大庾嶺上，後兩者均在陽山縣境。並在曲江縣、樂昌縣築城口，以防漢兵南犯。

趙佗又在各地設「市官」，收集象牙、犀角、翡翠、珠璣、香藥等，運到北邊的關市，去購買中原地區的牛、馬、銅鐵工具和器皿等。南越國在貿易中獲得厚利，同時又獲得土著居民的擁戴。

漢高祖五年(公元前二〇二年)，將南海、桂林、象郡封給長沙王吳芮，趙佗即在北部邊境加強戒備。長沙王也派重兵駐守桂陽郡（郡治在今廣東連縣），與趙佗相對峙。

公元前一九六年，漢帝國鞏固後，劉邦派陸賈入南越，

說服趙佗稱臣入貢。趙自知不是漢朝對手，即表示接受封贈。此後數年相安無事。

公元前一八八年，惠帝亡，呂后執政，下令禁止與南越的銅、鐵貿易，趙佗三派使臣入朝均被扣留，趙佗怪罪於長沙王吳回，即派兵攻打長沙國，占領桂陽郡、零陵郡幾個縣，並自封爲南越武帝，呂后派大將周灶率軍討伐，趙軍退回五嶺，憑險固守。此時漢軍流行瘟疫死亡甚衆，不能前進，相持年餘，後來呂后亡才罷兵。

公元前一七九年，文帝劉恆再派陸賈二次南來，勸說趙佗取消帝號，與漢中央和好，從此嶺南地區獲得了六十多年的和平時日。

馬王堆三號墓墓主人，正是在文帝第二次與南越國媾和後駐守在長沙國南境的，因此他與南越國的關係十分密切。

南越國延續九十六年，即南越武帝在位六十七年、南越文帝趙眜（趙佗孫）在位十六年、南越明王趙嬰齊在位十年，嬰齊次子趙興在位一年、嬰齊長子在位約二年，於元鼎五年至六年（公元前一一二～一一一年）被漢武帝平除。一九八三年秋季，廣州市文物考古部門在市區北面象崗山頂發現了南越國第二代王趙眜的陵墓，墓中出土隨葬物品一千多件（套），其中玉器、青銅器尤多，現已陳列在南越王墓博物館內，這一發現，完全印證了史書上的記述，故十分珍貴。

玖　結尾篇

彩繪陶鈁

81. 貴婦人有幸遷新居

保護馬王堆漢墓的三千餘件出土文物是湖南博物館的首要任務，爲此，周恩來先生曾作過五次批示。一九七二年十一月李先念先生來參觀時曾問及古屍、漆器、棺槨應如何保護？我們趁機提出要建築現代化的庫房和陳列館。王冶秋同志因在日本看到過此類全空調的博物館，因此他在馬王堆漢墓出土文物陳列館的籌劃設計方面，作了許多詳細的指示。

陳列館的設計任務落在了湖南省建築設計院高級工程師劉鴻慶和工程師蔣虔生的肩上，我曾陪同蔣工程師在北京地區參觀了不少現代化的建築物並向有關單位徵詢過意見。

陳列館的館址，選在湖南省博物館院內，背靠長沙最大的公園——烈士公園，公園內有大片叢林，因博物館的西、北兩面都臨交通要道，所以環境優美、交通方便。因靠近公園一側是一個山坳，高差有七至八米，設計者即利用此一特殊地形建成地下陳列室。陳列館的總面積爲四千四百平方米，爲了有利於文物保護及參觀的需要，平面設計採用外包圍廊形式。對於溫濕度控制要求較高的文物，一律放置於地下陳列室，這樣即可利用土壤和多層圍護牆體保溫、隔熱，避免了外界氣候變化對於文物帶來的不利影響，如此結合空調裝置即可形成不同條件的保存環境。外包圍廊淨寬三米，用於保存陳列一般性文物，這樣即爭取到較多的使用面積。

西漢古屍是重點保護對象，因此放在最底層的地下室裡，上距地面七點八二米，頂部覆以雙層有機玻璃罩，這樣，觀衆接觸不到古屍，有利於女屍的保護，但透過玻璃罩，由上向下俯視，又可對貴婦人的全貌一目瞭然地看得十分淸楚。

西向開門，門廳和內廊立面，處理成大片玻璃面和主體二層、兩翼之實牆形成十分強烈的對比，室內外使用一部分有機玻璃和馬賽克組成漢代的圖案，新穎別緻，十分美觀。

主體二層的溫度爲攝氏十六～二十度，相對濕度爲百分之五十～六十五。底層的古屍房，濕度相同，溫度爲攝氏六度±二度。一般人常耽心古屍會受到損壞，其實這裡採用的是「雙保險」，即採用密閉低溫及化學藥水浸泡的辦法，如果出現電路故障，而藥水仍可起到保護作用。

接待室部分的空調系統，設計上是氣流循環上送下回。門廳走道及接待室安裝暖氣片。陳列室之溫濕度採用遙測控制方式，而古屍陳列室則採用遙測和自動控制兩套設備，當溫度超過允許範圍時即可自動報警。所有陳列室的燈具，一律附加磨砂玻璃罩，以此來減少紫外線對文物的自然損害。

陳列館的施工是由湖南省第六建築公司負責的，該公司接受任務後，集中人力物力，用儘快的速度晝夜施工，終於在一九七四年四月如期建成中國第一個現代化的陳列館，自建成開放以來已將近二十年，它對內儲藏保護著這三千餘件珍貴文物，得以安全無恙，對外又迎接著來自全世界的客人，它使數百萬觀衆感到舒適滿意，懷著一片好奇心而來，又帶著會心的微笑離去。

82.文物珍品享譽海內外

馬王堆出土文物由於其種類齊全，內容豐富，保存完好，於出土後曾一度引起世界性的轟動。但二十年來通過國內陳列和國外展覽，繼續受到了世界各國首腦、專家、學者和社會人士的讚賞和稱譽。

自馬王堆漢墓出土文物陳列館於一九七四年建成正式對外展出以來，已接待了來自世界五大洲八十多個國家和地區參觀者約十五萬餘人次，其中國家總統、首相和總理等首腦人物已有十多位，各國駐華使節六十餘位，各種代表團、訪問團和各類學術團體多達三千餘個。

一九七二年，馬王堆一號漢墓出土不久，正逢尼泊爾首相比斯塔偕夫人前來訪問我國，當時李先念先生及夫人林佳眉特地陪同貴賓從北京到長沙，參觀了馬王堆漢墓出土的文物和古屍，那一次由我擔任講解工作，首相參觀得很認眞，當他聽說此具古屍已有二千多年歷史時，十分驚訝地說：「奇跡，是世界上的奇跡。」

柬埔寨首相賓奴偕夫人來參觀時，曾一度懷疑出土漆器是經過加工的，當我告訴他，我國有政策規定，歷史文物必須保持原貌，所以沒有塗東西。賓奴笑了，他說：「要是這樣，那眞是太驚人了。」賓奴首相自進入博物館後就自作筆記，幾乎把我的每一句話都作了記錄，這在我們接待過的所有外國首腦中，是首次看到的。

一九七四年四月四日下午，我接待日本友好書屋讀者代表團參觀，參觀之後，應代表團的要求，進行座談。大理大學的橫山先生率先發言，他說：「一號漢墓的簡報在日本很受歡迎，日本很多歷史學者、考古學者和美術學者都懷著極大的興趣讀了這個簡報。對於許多日本人來講只是在書上得到的知識，今天我們能親眼看到這些寶貴的東西，實在太感謝了。」

安宅先生說：「帛書在日本報紙上是用整版報導的，而且都是頭版頭條，平時在我國只有火災地震才放在頭條報導。尤其是《老子》的出土，引起了極大的興趣，書屋經常收到讀者來信，希望早日出版。」

團長說：「中國古代文化是世界四大文化之一，所以我們日本把中國的考古學作爲世界寶庫看待。現在你們能把古代文物完整地發掘出來，以利於國家建設，所以我要對中國考古科學家表示敬意。」

一九七六年四月，加拿大安大略省皇家博物館董事會一行二十四人來參觀，團長說：「我們在國內看了『考古新發現』的電影，今天能看到文物，實現了我們等待已久的願望，所以我們很高興。」

一九七七年五月，緬甸總統兼國務委員會主席吳奈溫偕夫人在鄧穎超同志陪同下前來參觀，他說：「關於馬王堆漢墓，我在緬甸就聽說了，所以很樂意親眼看看，緬中兩國很早就有往來，這可能和馬王堆漢墓的歷史差不多。」

美國哈佛大學哲學教授艾尤於一九八七年五月專程來看帛書《老子》，在如願以償後，他說：「馬王堆漢墓出土的文物，具有很高的研究價值，有不少是稀世珍品，我為你們而驕傲。」

近幾年來，馬王堆漢墓的部分文物配合其他重要藏品，曾先後到日本、美國、法國等地展出，無一例外的都受到莫大的歡迎，比如一九九〇年，日本「每日新聞」等單位邀請湖南博物館去舉辦「馬王堆漢墓文物展」，當展覽於三月十七日在萬國博覽紀念公園展覽館開幕後，立即在日本又引起了第二次「馬王堆熱」。許多人紛紛在報刊上著文稱讚，如著名人士陳舜臣先生的文章說：「長沙是一個歌頌屈原以及神話傳說都非常豐富的神奇之地，馬王堆漢墓文物一個一個都成了神奇的曼陀羅花，沉睡後甦醒的貴婦人，開始訴說起這樣那樣的往事。」

黑岩重吾先生的文章說：「距今兩千多年前的馬王堆漢墓文物的驚人程度，已能壓倒群芳。」展覽「非常完美地給我們送來了中國古代文化的精華。」

還有人說：「距今二千二百年前，日本國還處在國家統一之前的彌生時代，而中國已經開化為世界四大文明古國之一了。一九七二年發掘的中國湖南長沙馬王堆漢墓，證明了中國古文明的輝煌燦爛。」

觀衆十分踴躍，最多時一天竟有一萬四千八百五十人湧入展室，故在一百六十八天中，參觀者為四十萬人次。許多觀衆懷著激動的心情，寫滿了十六本留言簿。

一九九二年六月至九月，一部分馬王堆漢墓出土文物及其他珍貴文物，應法國菲尼斯特爾省的邀請，在達烏拉斯文化中心進行展出，八十天之內，觀衆多達六萬八千人次，法國科學院著名漢學家杜德蘭先生說:「開始我認爲展覽遠離大城市，可能不會成功，但由於展品精、形式新，吸引了不少五百公里以外的巴黎人前來參觀，觀衆人數大大超過了原來的預計，展覽是非常成功的。」

一位觀衆說:「公元前的中國人就已認識到環境保護的意義，從而製造出如此巧妙的科學器具來減少污染（指漢代銅牛燈），從而不難看出中國人的智慧，古代中國的文明告訴人們，現代中國總有一天會發展起來。」

我國駐法公使銜參贊徐維勤也說:「展覽非常成功，受到法國人的歡迎，不僅展品精，內容好，而且形式及表現手法均適合法國的欣賞習慣。」

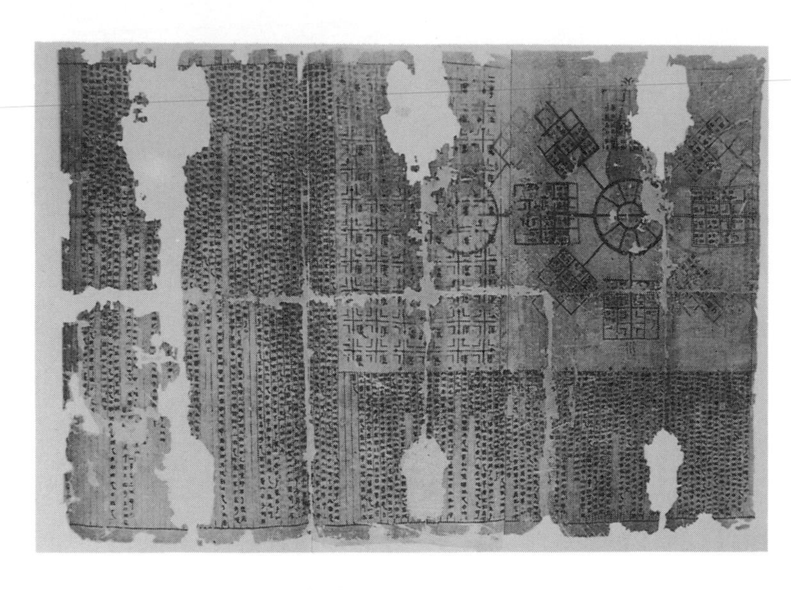

帛書《刑德》乙篇

83. 古爲今用話「漢城」

一九九二年的八月下旬，在長沙舉行了「紀念馬王堆漢墓發掘二十周年暨首屆國際學術討論會」，與會專家學者約六十餘人，其中有日本、泰國、美國、英國、法國、意大利、加拿大、瑞典和香港、臺灣的歷史學家和考古學家與漢學家。在討論中，大家一致感到馬王堆漢墓出土文物十分豐富，大批帛書，內容深邃，博大精深，需要進行系統而深入的研究，因此有人建議要提出「馬王堆學」或「馬王堆文化」的問題。中國社會科學院歷史研究所所長李學勤先生在總結會上說：「關於馬王堆漢墓的研究，現在僅僅是開始，今後還需要用許多世紀來研究來紀念。」

曾任馬王堆漢墓文物保護開發建設基金會會長的鄒赤彬先生，在生前曾力主開拓馬王堆漢墓文物的研究領域，充分發揮其社會價值爲社會主義經濟、文化建設服務。由於他和其他人的努力，湖南省有關部門於一九九一年批准成立「馬王堆漢墓文物保護開發建設基金會」。這個基金會的宗旨和任務是：期望通過這一社會民間組織，廣泛聯絡國內外的科學家、學者、企業家和社會活動家，以及關心熱愛馬王堆漢墓文物的團體和個人，通過各種渠道，廣泛宣傳馬王堆漢墓文物，擴大其知名度，並積極籌措資金，促進馬王堆漢墓文物的保護、科研和開發建設事業的迅速發展。

主要設想是在馬王堆漢墓的遺址附近建設一座「西漢古城」。擬在城內建成馬王堆漢墓博物館，展出馬王堆漢墓的出土文物；建一所馬王堆國際文化學術交流中心，另外建成漢代一條街。三個墓坑全部恢復原貌，供人觀瞻。並建設一系列能供中外來賓觀賞、遊玩、食宿、休息的場所。此中有古代作坊、廟會、遊樂場、宮廷式的賓館（如丞相府、軑侯家等）、仿古商場、酒樓、花園等。這些設施將全爲楚漢風格，占地面積約三百六十畝，省、市主管部門已列入馬王堆開發區的規劃計畫。當西漢古城建成後，這裡將是一座內容豐富的博物館；一個多學科多項目的科研基地；一個融古代文化與現代文明爲一體的旅遊勝地。擬議中的五個中心是：

一、馬王堆漢墓國際學術研究中心：

即以館藏文物爲依托，聯絡國內外從事馬王堆漢墓文物研究的組織和個人，採取多種方式，進行學術研究和交流，使「馬王堆文化」發揚光大，服務於全人類；

二、馬王堆漢墓中醫藥研製中心：

即以出土醫書竹簡爲依據，融合現代醫學科學的新成就，研究並生產各種防病、治病、強身、健腦的中醫藥系列產品，以爲廣大人民群衆造福；

三、馬王堆漢墓絲織品研製中心：

即參照絢麗多彩的漢代絲織品和服飾，借鑒湘繡的技藝，仿製研製具有漢代風格的絲綢產品和各類現代服飾，以滿足國內外群衆的需求；

四、馬王堆漢墓仿古工藝品研製中心：

煙色菱紋綺

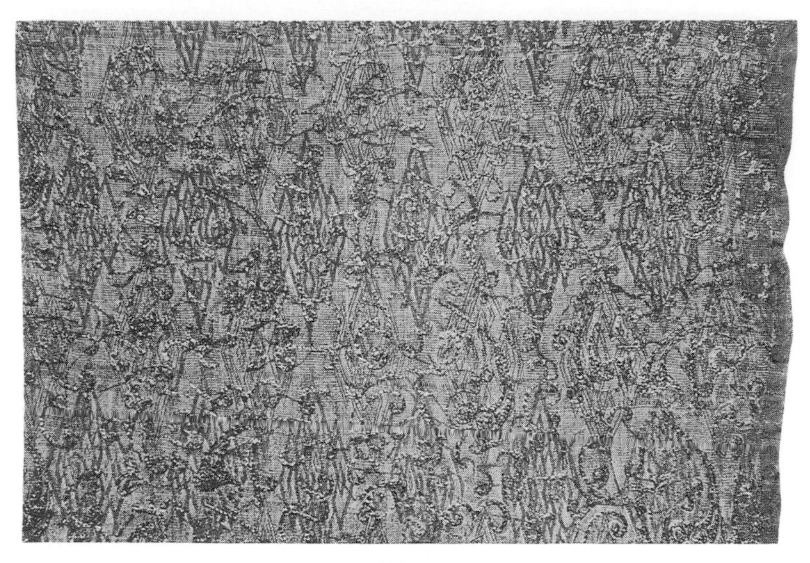

信期繡煙色羅綺

彩繪木燈

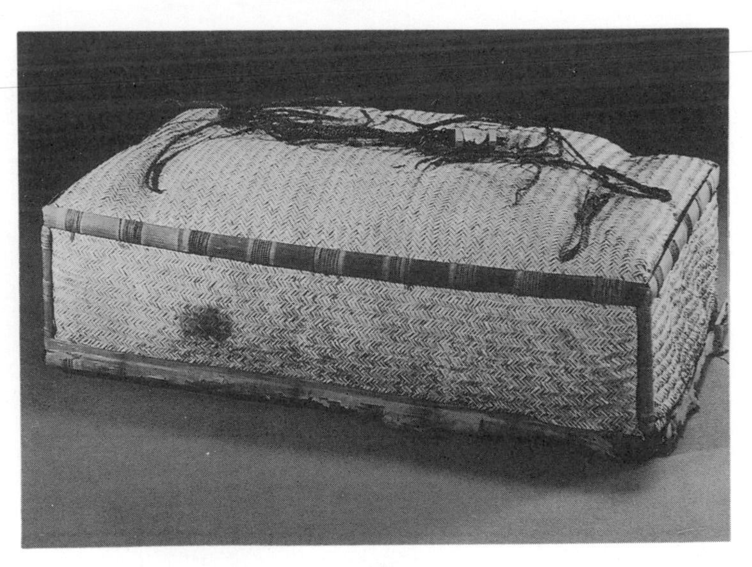

竹笥

即以大量出土漆、木、竹器和帛畫爲樣板，再結合湘地傳統工藝品的特色，創製馬王堆仿古工藝品系列產品；

五、馬王堆漢墓飲食文化研製中心：

根據出土的衆多食品，以及遣策中記述配方和烹飪技術，再參照湘菜製作的訣竅，研製出具有楚漢風味的系列食品，以便在「丞相酒家」，開設「軑侯家宴」。

我們可以預見，當西漢古城落成之日，「馬王堆文化」必將綻出綺麗的鮮花。當然，從設想到實現，還有種種障礙，基金會殷切期望國內外有識之士予以大力支持和贊助，以便使馬王堆漢墓出土的稀世瑰寶，早日爲人類文化做出新貢獻。

彩繪陶鼎

馬王堆漢墓研究的主要書目

《長沙馬王堆一號漢墓發掘簡報》，湖南省博物館、中國科學院考古研究所、《文物》編輯委員會編輯，文物出版社，一九七二年七月。

《長沙馬王堆一號漢墓》（上、下集），湖南省博物館、中國科學院考古研究所編，文物出版社，一九七三年十月。

《馬王堆漢墓帛書（壹）》（線裝本）

第一冊　《老子》甲本及卷後古佚書圖版

　　　　《老子》乙本及卷前古佚書圖版

第二冊　《老子》甲本釋文

第三冊　《老子》甲本卷後古佚書釋文

第四冊　《老子》乙本卷前古佚書釋文

第五冊　《老子》乙本卷前古佚書釋文

第六冊　《老子》乙本釋文

第七冊　《老子》甲本乙本傅奕本對照表

第八冊　《老子》甲本乙本傅奕本對照表

馬王堆漢墓帛書整理小組編，文物出版社，一九七五年一月。

《馬王堆漢墓帛書經法》，馬王堆漢墓帛書整理小組編，一九七六年五月。

《馬王堆漢墓帛書戰國縱橫家書》，馬王堆漢墓帛書整理小組編，文物出版社，一九七六年十二月。

「馬王堆漢墓帛書古地圖」，馬王堆漢墓帛書整理小組編，文物出版社，一九七七年三月。

《馬王堆漢墓帛書（叁）》（線裝本）

第一冊　《春秋事語》　圖版

　　　　《春秋事語譯文》　注釋

第二冊　《戰國縱橫家書》　圖版

　　　　《戰國縱橫家書》　注釋

第三冊　《戰國縱橫家書》　注釋

馬王堆漢墓帛書整理小組編，文物出版社，一九七八年七月。

《長沙馬王堆一號漢墓出土動植物標本的研究》，文物出版社，一九七八年八月。

「長沙馬王堆漢墓帛書導引圖」，馬王堆漢墓帛書整理小組編，文物出版社，一九七九年十一月。

《長沙馬王堆一號漢墓出土紡織品的研究》，上海市紡織科學研究院、上海市絲綢工業公司文物研究組編著，文物出版社，一九八〇年六月。

《長沙馬王堆一號漢墓古屍研究》，湖南醫學院主編，文物出版社，一九八〇年十月。

《馬王堆漢墓研究》，湖南博物館主編，湖南人民出版社，一九八一年八月。

《神奇的古墓》，周世榮、歐光安，湖南科技出版社，一九八九年十一月。

《馬王堆漢墓》，何介鈞、張維明編寫，文物出版社，一九八二年一月。

《馬王堆漢墓帛書竹簡》，李正光編，湖南美術出版社，一九八八年二月。

《馬王堆醫書考注》，周一謀、蕭佐桃主編，天津科技出版社，一九八八年七月。

《黃帝四經與黃老思想》，余明光，黑龍江人民出版社，一九八九年八月。
《馬王堆養身氣功》，周世榮編著，湖北科技出版社，一九九〇年六月。
《馬王堆漢墓研究文集》，湖南省博物館編，湖南出版社，一九九四年五月。
〈馬王堆二、三號漢墓發掘的主要收穫〉，中國科學院考古研究所，湖南省博物館寫作小組，《考古》一九七五年一期。
〈長沙馬王堆漢墓研究綜述（上、下）〉，傅舉友，《求索》一九八九年二期、三期。
〈長沙馬王堆一號漢墓棺槨制度〉，史爲（夏鼐），《考古》一九七二年二期。
〈馬王堆一號漢墓漆棺畫考釋〉，孫作雲，《考古》一九七三年四期。
〈中國天文史上的一個重要發現——馬王堆漢墓帛書中的《五星占》〉，席澤宗，《中國天文學史文集》，科學出版社，一九七八年四月。
〈一份關於彗星形態的珍貴資料——馬王堆漢墓帛書中的「彗星圖」〉，席澤宗，《科技史文集》，一九七八年十一月。
〈馬王堆三號墓出土駐軍圖整理簡報〉，馬王堆漢墓帛書整理小組，《文物》一九七八年第一期。
〈馬王堆漢墓出土醫書釋文㈠〉，馬王堆漢墓帛書整理小組，《文物》一九七五年六期。
〈馬王堆漢墓出土醫書釋文㈡〉，馬王堆漢墓帛書整理小組，《文物》一九七五年九期。
〈長沙馬王堆一號漢墓出土的藥物〉，何祚成，《新醫藥學雜誌》一九七三年二期。
〈世界上第一部性研究專著〉，王明輝，《科學博覽》一九八八年十一期。

〈長沙馬王堆漢墓出土的栽培植物歷史考證〉，柳子明，《湖南農學院學報》一九七九年二期。
〈從馬王堆漢墓出土古文字看漢代農業科學〉，周世榮，《農業考古》一九八三年一期。

後 記

《馬王堆傳奇》是在拙著《神奇的馬王堆漢墓》一書的基礎上，豐富內容，增加圖版編著而成。如此，即可更好地揭示和反映長沙馬王堆漢墓的全貌和內涵。

中國社會科學院副院長、國際著名考古學家夏鼐先生生前曾說過：「一座古墓就等於一本古書。」此話屬實，因爲馬王堆漢墓出土的三千多件珍貴文物，就全面地反映了西漢初年的政治、經濟、軍事、文化、科學技術和風俗民情等諸多內容，所以說，這是一部用實物寫成的西漢早期的百科全書。爲此，它的出土引起了國內外的廣泛關注，有數十個科研單位和許多專家、學者積極參與了研究工作，從這個意義上說馬王堆漢墓的研究是集體智慧的結晶。

本書在寫作過程中，主要參閱了《長沙馬王堆一號漢墓》、《馬王堆漢墓》、《神奇的古墓》、《馬王堆漢墓研究》、《西漢古屍研究》和《軑侯報》等書刊，爲此特向各書作者致謝，不妥之處，希予指正。

《馬王堆傳奇》的出版，全賴國立臺灣師範大學羅青哲先生的指導和支持，又獲湖南省博物館館長熊傳薪先生在照片資料方面所給予的幫助，並承蒙東大圖書公司編輯部諸先生予以精心編排，對此，特致以誠摯的謝意。

侯 良

一九九四年九月二十日於長沙

萬曆帝后的衣櫥——

明定陵絲織集錦　王　岩　編撰

由最初始的掩身蔽體，嬗變到爾後繁富的文化表徵，中國的服飾藝術，一直就與整體的環境密不可分，並在一定的程度上，具體反映了當時的政治、社會結構與經濟情況。明定陵的挖掘，印證了我們對於歷史的一些想像，更讓我們見到了有明一代，在服飾藝術上的成就！

作者現任職於北京社科院考古研究所，以其專業的素養，結合現代的攝影、繪圖技法，使得本書除了絲織藝術的展現外，也提供給讀者豐富的人文感受與歷史再現。

藝術史

儺史——中國儺文化概論

林河 著

當你的心靈被侗鄉苗寨的風土民俗深深感動的時候，可知牽引你的，正是這個溯源自上古時代就存在的野性文化？它現今仍普遍地存在於民間的巫文化和戲劇、舞蹈、禮俗及生活當中。

來自百越文化古國度的侗族學者林河，以他一生、全人的精力，實地去考察、整理，解明了蘊藏在儺文化裡頭的豐富內涵。對儺文化稍有認識的你，此書值得一讀；對儺文化完全陌生的你，此書更需要細看。

五月與東方──

中國美術現代化運動在戰後臺灣之發展(1945～1970)

蕭瓊瑞　著

「五月」與「東方」是興起於戰後臺灣畫壇的兩個繪畫團體；主要活動時間，起自1956、1957年之交，終於1970年前後；其藝術理想與目標爲「現代繪畫」。

本書以史實重建的方式，運用大量的史料和作品，對於兩畫會的成立背景、歷屆畫展實際作品，以及當時社會對其藝術理念的迎拒過程，和個別的藝術言論與表現，作一全面考察，企圖對此二頗具爭議性的前衛畫會，作一公允定位。全書近四十萬言，包括畫家早期、近期作品一百餘幀，是瞭解戰後臺灣美術發展的重要參考書籍。

中國繪畫思想史

高木森　著

在漫長的持續成長過程中，我們的祖先表現了高度的智慧。這些智慧有許多結晶成藝術品，以可令人感知的美的形式述說五千年來的、數不盡的理想和幻想。

藝術思想史正是我們把握古人手澤、領會古聖先賢明訓的最直接方法，因爲我們要用我們的思想、眼睛，去考察古人的思想、去檢驗古人留下的實物來印證我們的看法。本書採用美術史的方法，從實際作品之研究、分析出發，旁涉文獻史料和美學理論，融會貫通而成，擬藉此探究我國藝術史上每個時期的主流思想。

本書榮獲81年金鼎獎圖書著作獎。

藝術論叢

◎唐畫詩中看　　王伯敏　著

◎挫萬物於筆端——藝術史與藝術批評文集　　郭繼生　著

◎貓。蝶。圖——黃智溶談藝錄　　黃智溶　著

◎藝術與拍賣　　施叔青　著

◎推翻前人　　施叔青　著

◎馬王堆傳奇　　侯　良　著

唐畫詩中看

王伯敏　著

本書包括：從對李白、杜甫論畫詩的整理剖析，使得許多至今見不到的唐及其以前的繪畫作品，得以完整地呈現出來；以及作者對於中國傳統山水畫所提出頗具創見的「七觀法」等。

全書融和了美術史家、詩人、畫家的觀點，由詩中看畫畫中論詩，虛實之間，給予雅愛詩畫者積極的啓發。

藝術與拍賣

施叔青　著

自1980年代初期至今，由於蘇富比與佳士得公司積極投入中國古字畫、當代書畫、油畫拍賣，使得中國藝術品的流通體系更加多元而健全。

本書作者以藝評家的犀利眼光、小說家的生動筆法，整體地掌握了二十世紀末中國藝術市場的來龍去脈，是第一本有關中國藝術市場及拍賣生態的專書，讀罷可以鑑往知來，是愛藝者、收藏家、字畫業者必備的寶典。

推翻前人

施叔青　著

本書作者傾十數年之功，將她在藝術上的眞知絕學，向藝壇做一整體的展現。包括了她多年來所訪問的數位大陸當代藝術大師，對他們的成長、特色、思想、生活，有深入的剖析、獨到的見解；同時也對臺灣當代藝術提出中肯的建言及反省。字裡行間，流露出非凡的鑑賞力與歷史的透視力，一洗前人的看法，樹立了二次大戰後新一代的聲音。

馬王堆傳奇

侯良　著

1972年(民國61年)大陸湖南長沙馬王堆漢墓的挖掘，震撼了世人的心眼。因爲除了各種陪葬的器物、漢簡、帛書、帛畫的出土外，尚有一具形貌完備的女屍，以及令人著迷的挖掘傳說。

本書圖片精彩豐富，作者具有專業素養。他以生動的筆法，爲您敘說馬王堆一則則神祕離奇的故事；帶您進入悠遠的世界——漢代，領略她的文學、藝術、風俗、醫藥、科技、建築……等，使蒙塵的「活歷史」，再顯豐厚的人文內涵！

讓美的心靈 隨著情感的蝴蝶 翩翩起舞

綜合性美術圖書

◎與當代藝術家的對話　葉維廉　著

◎藝術的興味　吳道文　著

◎根源之美　莊　申　著
（本書榮獲78年金鼎獎推薦獎）

◎扇子與中國文化　莊　申　著
（本書榮獲81年金鼎獎美術編輯獎）

◎當代藝術采風　王保雲　著

◎古典與象徵的界限——象徵主義畫家莫侯及其詩人寓意畫　李明明　著